需要創造と
ソリューションを武器とする

ドラッグストアの教科書

有田英明

ダイヤモンド社

はじめに

なぜこの本を書いたのか？

4つの成功法則が通用しない時代になった

ドラッグストア（ＤＧＳ）はどうしたら生き残れるのか？

20年後の展望をどうつくりあげるのか？

20年後というと、今年入社した新入社員は40歳前後になる。40歳といえば、家もローンで買っていることだろう。子供も2人ぐらいいるかもしれない。

20年後、ＤＧＳは生き残らなければならない。

ＤＧＳ市場が10兆円になるという威勢のいい話も聞く。はたしてそんなに順調に行くのだろうか？　今までの延長でいいのだろうか？　そこに油断はないのだろうか？

過去30年間のＤＧＳの成功法則が以下の４つである。

①ローコスト経営と安売り
②ハウスキーピングニーズと食品の品揃え
③ヘルスケアの高粗利益率のプライベートブランド（ＰＢ）商品
④データ分析に基づいた売場づくり

問題は、すでにこれらの成功法則が通用しなくなっていることだ。

成功法則の１つ目の「ローコスト経営と安売り」はＤＧＳにとっての最大の武器であった。特に集客の要となる食品の安売りと、利益を確保する医薬品の組み合わせは効果的であった。

しかし今では「安売り」の効果が低下している。今ではどの業態も安い。コンビニエンスストア（ＣＶＳ）もスーパーマーケット（ＳＭ）もホームセンター（ＨＣ）も安い。もちろん競合のＤＧＳも安い。例えばローソンは『南アルプスの天然水』の２リットルペットボトルを97円で売場に積んでいる。

安売りはＤＧＳだけの専売特許ではなくなった。さらに人口減少時代は、安売りしても売り個数は増えない。

例えば人口が１割減少したら、洗濯洗剤の売り個数は１割減る。トイレットペーパーの売り個数は１割減る。風邪薬の売り個数は１割減る。生活必需品の安売りだけでは企業を維持できない。

成功法則の2つ目は「ハウスキーピングニーズと食品の品揃え」である。これも効果が低下している。

日本は卸売業が発達しているので品揃えはマネされやすい。ヘルス&ビューティケア（H&BC）、雑貨、菓子、一般食品、日配品、酒類、タバコ等の品揃えは、今ではどこのDGSもほとんど同じである。

店の奥側で集客商品の食品を展開。出入口やレジ近くのお客が多い場所で利益商品のH&BCを展開するといったゾーニングも、今ではどこのDGSも同じである。

成功法則の3つ目の「ヘルスケアの高粗利益率のPB商品」も効果が低下している。DGSのヘルスケアのPB商品は、ナショナルブランド（NB）のコピーなので、わが店も競合店も同じである。『液体ムヒ』をコピーしたPB商品は、わが店にも競合店にもある。つまり差別化にならない。

成功法則の4つ目の「データ分析に基づいた売場づくり」も差別化にはならなくなってきている。

ITの進化とPOS（販売時点情報管理）データ分析の高度化と普遍化から、どこのDGSも売れ筋商品と死に筋商品のいち早い発見が可能になっている。データ分析の普及と高度化の結果、わが店と競合店で品揃えも同質化しつつある。

人口減少はＤＧＳに衝撃を与える

地方の中小ＤＧＳ企業から疲弊しているのが現状である。

ＤＧＳは取り扱い商品の８割がＮＢ商品である。ＮＢ商品は仕入れ規模が大きな大手ＤＧＳのほうが原価が安い。

大手ＤＧＳと中小ＤＧＳが競合すると、中小ＤＧＳから安売り合戦で消耗する。業績が悪化した中小ＤＧＳでは労働条件の悪化も起きている。定着率の悪化や、大手ＤＧＳへの人材の流出も起きている。

大手ＤＧＳも安泰ではない。人口減少とそれに伴う環境変化は、大手ＤＧＳの経営にも大きな影響を与える。

これを私は「五重苦の時代」と呼んでいる。①人口減少、②お客の可処分所得の減少、③深刻な人手不足、④インターネット販売の急伸、⑤競争の激化である。

安いのは当たり前の時代になった。しかも人口減少によって、安売りしても売り個数は増えない時代になった。

これからは安売り以外の競争軸が必要になる。ＤＧＳにとっての新しい競争軸が「需要創造」である。

もちろん生活必需品の安売りはこれからも続く。したがって「ベーシックゾーンマーケット（顕在需要の生活必需品）」では今まで通りローコストオペレーションを追求する。しかし、人口が減るのだから生活必需品のマーケットは縮小する。生活必需品の安売りだけでは生き残れない時代になった。

これからは戦略的に需要創造に取り組まねばならない。つまり「スペシャリティゾーンマーケット（潜在的な需要に対応する生活向上品）」への取り組み、挑戦である。「スペシャリティゾーンマーケット」での需要創造はハイコスト経営になる。需要創造には先行投資が必要だからだ。需要創造に必要な投資をして、合理的なタイミングで回収する発想である。

新しい時代には新しいDGSが必要だ

需要創造では、経営の都合よりもお客の都合を優先する発想が必要になる。需要創造とは、お客の不満、悩み、要求を解決する高品質な商品と情報とサービスを提案する行為である。それによってお客を喜ばせ幸せにする行為である。

そしてそれを実現するのがソリューション型ＤＧＳである。この本はソリューション型ＤＧＳづくりについて解説している。

過去20年間、ディスカウント型ＤＧＳが全盛であった。しかし人口減少が進んだら、ディスカウント型ＤＧＳは日本に１社しか残らないと思っている。

ちなみにディスカウント型ＤＧＳの中には「徹底したローコスト経営と徹底した安売りによって人口減少時代を勝ち残る！　競合店を潰して残存者利益を勝ち取る！」という威勢がいい企業もある。元気で結構なことである。

しかしそれは難しい。ＤＧＳの競合店はＤＧＳだけではないからだ。

これからはＳＭがＤＧＳ商品を取り込み、「日本型フード＆ドラッグ」をつくるだろう。

またＨＣやＣＶＳにしても、ＤＧＳが取り扱う商品の需要奪取に取り組むだろう。

もちろんネット販売もある。さらには想像もできない全く新しい業態も登場するかもしれない。

安売り合戦に勝ち抜いて残存者利益を得るという発想は、企業存続を考えるとリスキーだ。

安売りという成功体験に埋没していては危険だ。食品で集客して、Ｈ＆ＢＣと雑貨の「ついで買い」で稼ぐといった成功体験に埋没していては危険だ。

新しい時代には、新しいＤＧＳが必要だ。それがソリューション型ＤＧＳである。

テーマはリアリズム

ＤＧＳという小売業に出会って30年以上になる。ＤＧＳ企業の栄枯盛衰も見てきた。

私はソリューション型ＤＧＳのコンサルタントである。この分野のノウハウの確立に取り組んできた。クライアントはＤＧＳ企業とＳＭ企業である。また高品質な商品を開発するメーカーである。

この本では、ソリューション型ＤＧＳのコンサルタントとして取り組んできたことを書いた。この30年間、実際に現場で取り組んできたことを書いた。

私のコンサルタントとしてのテーマは「リアリズム」である。

アメリカの流通業界を研究することも大事だろう。ウォルマートやウォルグリーンの企業研究も必要だろう。しかしこうしたことは学者に任せれば良い。

われわれが取り組むべきことは、顧客満足と生産性の向上に具体的に取り組むことだ。

来店して目の前にいるお客の笑顔と経営指標を具現化することだ。

そのための売場づくりとカウンセリングの仕組みを確立することだ。そして経営効率を追求することだ。持続的に成長できるビジネスモデルをつくり上げることだ。

経営と店をバージョンアップし続けることも大事だ。世の中は変化している。その変化に対応して売場づくりと人材を進化させる発想である。

この本はソリューション型ＤＧＳづくりの教科書である。また私のコンサルタント人生の総括の意味もある。

読者の中には「有田の考え方は違うぞ」という人もいるだろう。むしろそうした人がいるほうが当たり前だし、健全だと思っている。

いろんな考え方のＤＧＳがあったほうが面白いし、選択肢のある魅力的な消費環境をお客に提供できるからだ。

この本に書いたことは机上の空論ではない。私のクライアントであるＤＧＳ企業やＳＭ企業において、売場と組織と人材の中で実際に取り組んできたことであり、今も取り組んでいることだ。つまりリアリズムである。ノンフィクションである。

使命は店のモチベーションとアドレナリンを上げること

振り返ればいろんなことがあった。楽しかったこと、痛快なこと、悔しかったこと、むろん痛恨の失敗や恥ずかしいこともいろいろあった。しかし総じて言えることは、幸せなコンサルタント人生であった。

もともとは中小ＤＧＳ企業専門のコンサルタントであった。中小ＤＧＳ企業がどうしたら生き残れるかを死に物狂いで考え、提案してきた。

中小のＤＧＳ企業やＳＭ企業が素晴らしい売場をつくり、素晴らしい人材を育成して、素晴らしい組織をつくり、それを生き生きと運営していくのを見るのは痛快であった。

そして中小のＤＧＳ企業やＳＭ企業がだんだんと成長して大企業になるのを、少しの戸惑いと、大きな喜びを持って見てきた。

少しの戸惑いとは「大企業になったら、僕の手の中から飛び出してしまうなあ」という寂しさと、「大きくなるのはいいけど、大企業病になってしまったら困るなあ」という不安である。

私は「去るものは追わず、来るものは拒む」という厄介な性格である。

今は年なりに丸くなったけれど、それでも「信念を曲げるくらいなら、仕事をやめたほうがいい」と思っている。

頑固者なので、当然、私を嫌う人も少なくない。縁が切れてしまったＤＧＳ企業もある。

しかし敵が増えることは全く怖くない。仕事が減ることも、全く怖くない。

一番恐ろしいことは、売場づくりに日々取り組んでいる店スタッフの信頼を裏切ることだ。

本社の幹部やバイヤーにはかなりキツイことも言うこともある。正直、彼らには申し訳ないとも思う。

しかし、店スタッフ一人ひとりの信頼を裏切ることのほうが百倍、恐ろしい。

私の使命は、店スタッフのモチベーションとアドレナリンを上げることである。ソリューション型ＤＧＳを進化させることである。

２０１９年12月
有田英明事務所　代表取締役
有田英明

目次

第1章

五重苦の時代とソリューション型DGS

1
ハウスキーピングニーズのワンストップショッピングストア

ハウスキーピングニーズとは何か？

五重苦の時代になった。①人口減少、②お客の可処分所得の減少、③深刻な人手不足、④ネット販売の急伸、⑤競争の激化である。この時代を切り開く新しいビジネスモデル、それが需要創造ＭＤに取り組むソリューション型ＤＧＳである。

私がＤＧＳに出会ったのは１９８５年のことだ。この頃はＨＣの業界誌の記者兼編集者をしていて、取材活動の中でＤＧＳに出会ったのである。

当時はＤＧＳとはいっても売場面積30坪ぐらいの小さな店で、医薬品よりも店頭の菓子の段ボールカット陳列が目立っていたぐらいだ。

第一印象は「ＤＧＳという名前なのに、なぜ菓子を売っているのだろうか？」というものであった。ＤＧＳ（＝薬の店）なのだから、薬を売っていれば良いではないかと思ったのである。

さらにこの頃、北関東に行くとカワチ薬品が売場面積１００～１５０坪のＤＧＳを多店化していた。カワチ薬品は菓子どころか、ペットフードや牛乳やタバコも売っているのである。

ＤＧＳって何だろう？　何屋さんなんだろう？　と疑問に思ったことを覚えている。やがて分かったことが「ＤＧＳという業態名」は記号に過ぎないということだ。

本質は、お客が日々の生活を維持する上で必要な商品がワンストップショッピングできる業態であることに気が付いた。

「ＤＧＳはハウスキーピングニーズのワンストップショッピングストアである」と看破したのは私の恩師の石原靖曠《やすひろ》先生である。石原先生はノンフーズ分野のコンサルタントで、日本のＨＣの理論的指導者でもあった。

ハウスキーピングニーズとは「日々の生活を豊かなかたちで維持する」という需要概念である。商品としては、消耗品、低単価品、小サイズ品が多いという特徴がある。

そしてハウスキーピングニーズの心臓部分に相当するのがＨ＆ＢＣである。Ｈ＆ＢＣは生きていく上で欠かせない商品ということから、生存的商品と言うことができる。したがってＤＧＳにとってＨ＆ＢＣの専門性は生命線である。

Ｈ＆ＢＣの専門性ということから調剤併設とカウンセリング化粧品は、これからますます重要になる。

薬剤師にしても医師の下請けではない。単なる処方箋処理マシンではない。来店して目の前にいる患者やお客の健康維持と、健康寿命を延伸する提案をするヘルスケアのトータルコンサルタントである。

カウンセリング化粧品の美容部員にしても、単なるメーカーブランドの販売促進のマシンではない。

すべての女性は一人ひとりが美しく華やかにセクシーになる権利がある。人生を心豊かに過ごす権利がある。ＤＧＳの美容部員はそのためのビューティのトータルコンサルタントである。

そしてこうしたことに取り組むのが需要創造に果敢に挑戦するソリューション型ＤＧＳである。

日本型ＤＧＳが誕生したわけ

１９７０年代から１９８０年代にかけて「流通革命」というある種のムーブメントが起きていた。総合スーパー（ＧＭＳ）やＳＭの急伸である。例えばダイエーが百貨店の三越の売上高を抜いたのが１９７２年のことである。そしてダイエーが売上高１兆円を達成したのが１９８０年のことである。

当時はＧＭＳやＳＭが出店すると商店街の〝パパママストア〟（家族経営の小売店）がどんどん潰れたのである。幸い、薬店はさまざまな規制によって守られていたが、それでも店主は不安で仕方がなかった。

そこで薬店の店主は「ＧＭＳにしてもＳＭにしても、アメリカから来た商売らしい。どうも流通革命の元はアメリカらしい」と考えた。そこでアメリカ視察に行ったのである。

アメリカに行くと、日本でまさに勢力を拡大しているＳＭの隣には必ずＤＧＳという店がある。いわゆるネイバーフッドショッピングセンター（近隣型ＳＣ）である。

薬店の店主は「ＤＧＳという名前なのだから薬店に近いのではないか。私でもできるのではないか」と考えたのである。

しかししばらくして薬店の店主は、アメリカにあるようなＤＧＳは日本ではつくれないことに気が付く。

アメリカのＤＧＳは、当時でさえ調剤の売上高構成比は40%以上もあって、集客でも売上でも調剤に依存していた。医薬分業率がまだ低く、国民皆保険制度の日本ではアメリカ型ＤＧＳはつくれないことが判明したのである。

大半の薬店の店主は諦めた。しかし一部の店主は諦めなかった。

一部の店主は、アメリカのＤＧＳを研究してマネするよりも、今来店して目の前にいるお客こそが先生であると考えたのである。

今来店して目の前にいるお客を喜ばせ幸せにする店として「日本型ＤＧＳ」を開発したのである。すなわちハウスキーピングニーズのワンストップショッピングストアを開発したのである。

１９８０年代に売場面積１５０坪型のＤＧＳが開発される。

１９９０年代には同３００坪型が登場する。さらに一部の企業は同６００～１０００坪超というメガＤＧＳを開発している。

コストを投入して高シェアの店をつくる

ＨＣの業界誌の編集記者をしていたころ、ＨＣ業界ではローコスト経営こそが正義とされていた。ローコスト経営によって売れなくても儲かる店が正義とされていた。

もちろんこうした発想があってもよい。例えばコメリは「売れなくても儲かる店づくり」によって、田舎のお客に豊かさを提供した。コメリは顧客満足度向上のためにローコスト経営に取り組んだのである。

問題は、多くのＤＧＳにおいて、ローコストそのものが目的化してしまったことだ。経営効率を追い求めるあまり、顧客満足と従業員満足といった視点を見失ってしまったのではないか。

ＤＧＳのコンサルタントになってから「売れなくても儲かる店」というのは、ちょっと違うのではないかと考えはじめた。売れないということは、お客からすれば魅力に欠ける店である。言ってみれば競争に弱い店である。

「小商圏、高シェアの店が正しい」と言われている。小商圏とは、お客の家から近いところに店をつくることである。高シェアの店とは、ハウスキーピングニーズの家計支出のシェアが高い店である。

つまり高シェアの店とは、お客がリピートする店であり、売れている店である。地域一番の繁盛店といってもいい。

高シェアの店とは、お客が競合店を乗り越えて来店する魅力に溢れた店である。高シェアの店を目指すのであれば、「ローコスト経営によって売れなくても儲かる店づくり」というのは、あり得ない。

人口減少時代は、リピート率が重要になる。お客が繰り返し来店する魅力的な店である。

お客から圧倒的な支持を受ける店づくりである。

人口減少時代は「投資をして、売れる店」をつくるべきだと思っている。お客が競合店を乗り越えて、繰り返し来店したくなる魅力的な店である。

大事なことはローコストではない。「正しい投資」である。特に需要創造では正しい投資が必要になる。正しい投資をして、正しいタイミングで投資回収することである。

挑戦とは、新しい投資のことである。新しい投資が、新しい世界を切り開く。誤解を恐れずに言うならばハイコスト経営の勧めである。

顧客満足と従業員満足のためには、総資本営業利益率（ＲＯＡ）を一時的に下げることも恐れない経営が正しい。それがソリューション型ＤＧＳである。

経営トップから組織の隅々まで日々バージョンアップするのが、ソリューション型ＤＧＳの理想像である。

物事は必ず悪くなるし、良いことは続かない

ＤＧＳに出会ってから30年以上が過ぎた。この30年間を前半15年間と後半15年間に分けて考えると、業界動向が大掴みで理解できる。

前半の15年間はラッキービジネスの時代であった。大半のＤＧＳ企業が成長し、儲かったのである。当時の競合店は零細な薬店であり、ＤＧＳは一方的にお客と売上と利益を奪えたのである。

後半の15年間は淘汰の時代であった。多くのＤＧＳ企業が行き詰まり、消滅している。ＤＧＳ同士の競争が本格化する中で、ＭＤとコストコントロール力が弱いＤＧＳ企業から衰退したのである。

今は二極化の時代である。生活必需品のディスカウントを主語にした「ディスカウント型ＤＧＳ」と、生活必需品のディスカウントに加えて、潜在需要の生活向上品に取り組む「ソリューション型ＤＧＳ」に二極化している。

人口減少の時代である。ＤＧＳだけでなく、小売業の誰しもが経験したことがない時代がはじまった。これからわれわれはどこに向かうのか。

ＤＧＳ業界も諸行無常である。盛者必衰である。過去30年間、ＤＧＳ業界を見続けて思うことは「物事は必ず悪くなるし、良いことは続かない」ということだ。

小売ビジネスにおいて「良い状態」というのはほんの一時に過ぎない。自分の知らないところでお客の気持ちは変化し続けているし、自分の知らないところで世の中は変化し続けている。

お客の気持ちに目を向け、世の中に目を向け、その変化に対応しないと物事は必ず悪くなる。悪くなることを想定して、必ず次の手を考え、実行しなければならない。楽観主義者でもなく、悲観主義者でもなく、現実主義者にならなければならない。

人は成功体験に埋没する

30年ぐらい前だろうか。「日本の小売業は6社しか残らない」という趣旨の本が出たことがある。

つまり当時の大手6社、ダイエー、西友、ジャスコ、イトーヨーカ堂、サティ、長崎屋だけが勝ち残り、中小の小売企業は淘汰されるという内容であったと思う。しかし現実は6社のうち、買収されずに生き残っているのは2社だけだ。

偉大な成功体験がある人ほど過去の実績に安住する。成功体験に埋没して、時代の変化に取り残され衰退する。

小売業のトップや経営幹部は、自分を過信しない姿勢が大事だ。「自分には力が足りない。自分には情報と知恵が足りない」という意識を習慣づけることが大事だ。自分のやっていることには必ずどこかに間違いがある、問題があると考える習慣が大事だ。

情報化社会の進展から、消費の高度化、多様化が進んでいる。この時代、上長が正しい情報を持っていて、正しい判断をするとは限らない。

むしろ消費の現場に近く、日々、売場で商品とお客と正対している店のスタッフ一人ひとりのほうが正しい情報を持っていて、正しい判断をする。

小売業のトップや経営幹部、また本部スタッフは、現場の人や、職位の下の人や、年齢が下の若者の意見を重用しなければならない。

人は正しいことを実行しない

コンサルタントとして仕事をしてきて発見したことがある。それは「人は正しいことを実行しない」ということだ。

人は受け入れたいことしか頭に入らない。人は合理性のあることよりも、感情的に心地よいほうを選ぶ。人は正しいことよりも、自分自身にとってリスクが少ないほうを選ぶ。

正しいことよりも、前例や自己保身を優先することを大企業病という。

どんな組織でも大企業病は発生している。「前例がないからダメ」という社風はすでに大企業病である。問題が起きると、その解決策を考えるよりも止めることを優先する社風はすでに大企業病である。挑戦する際に、できない理由から考える社風はすでに大企業病である。

ＤＧＳにおける大企業病の具体例が以下である。

売場づくりの手間を惜しみ、売場づくりの手を抜く企業はすでに大企業病である。

人件費削減と称して機械的に人を減らす企業はすでに大企業病である。コスト削減のために人を教育しない企業、スペシャリストを育成しない企業はすでに大企業病である。

在庫回転が悪い商品を機械的にカットする企業はすでに大企業病である。

売るのに手間がかかる潜在需要の生活向上品（高品質・高価格商品）を機械的にカットしたり、あるいは在庫を徹底的に絞り込んだりする企業はすでに大企業病である。

お客の生活と買物を考えないで経営効率だけから商品を絞り込む企業はすでに大企業病である。売れ筋ばかりに集中する企業はすでに大企業病である。〝プライベートパチモノ（ＰＰ：売れ筋のＮＢ商品に姿かたちが似ていて、品質は劣るけれども原価が低いので儲かるＰＢ商品）〟とリベート商品ばかりを優先する企業はすでに大企業病である。

データ分析等で、売り個数が多い商品、利益貢献度が高い商品、安売りすることで売り個数が増加する商品、メーカーのマーケティングで売り個数が増加する商品ばかりに集中する企業はすでに大企業病である。

儲けようと思うと儲からなくなる

新しい挑戦に対して「できない理由」を並べ立てるのは臆病者である。臆病者は自分の損得だけで行動する。こうした社員、幹部が多い企業は絶対に衰退する。

できないのではない。できるやり方を考えていないのである。できるやり方に挑戦していないのである。諦めなければ失敗はない。

小売業のある先駆者が「儲けようと思うと儲からなくなる」と小売ビジネスの本質を看破している。

すなわち売場づくりの手間を惜しみ、売場づくりの手を抜くと儲からなくなる。売場は商品とお客の出会いの場である。売場づくりの手を抜くと、お客から見限られる。

人件費削減をテーマに人を減らすと儲からなくなる。これがもっともダメな経営である。もちろん無駄はなくす。しかし顧客満足をテーマに需要創造に取り組むのは店スタッフである。店スタッフを機械的に減らすと、魅力的な売場が維持できなくなる。

コスト削減をテーマに人を教育しないと儲からなくなる。スペシャリストを育成しないと儲からなくなる。店スタッフは専門家でなければならない。専門家がいないＤＧＳなど、なんの魅力もない。

在庫回転が悪い商品を機械的にカットすると儲からなくなる。売れ筋、死に筋といった分類は経営の都合でしかない。死に筋であってもお客の生活カバーに必要な商品は販売しなければならない。

売るのに手間がかかる潜在需要の生活向上品（高単価・高品質な商品）を機械的にカットすると儲からなくなる。どこでも安く売っているコモディティ商品だけでは、リピート率は上がらない。

お客の生活と買物を無視して、商品を絞り込むと儲からなくなる。例えば化粧品や菓子や酒類のようなパーソナルユースの商品は取り扱い品目を絞り込むと売場がつまらなくなる。お客がリピートしなくなる。

売れ筋に集中すると儲からなくなる。〝ＰＰ〟とリベート商品を優先すると儲からなくなる。データ分析等に基づいて、売り個数が多い商品、利益貢献度が高い商品、安売りすることで売り個数が増加する商品、メーカーのマーケティングで売り個数が増加する商品ばかりに集中すると儲からなくなる。どこの店でも売っている商品の安売りしかない店など、今時なんの魅力もないだろう。

つまりお客の都合よりも経営の都合を優先して儲けようと思うとリピート率が低くなる。

結果、儲からなくなる。

知恵を絞りぬき、断固として実行する

経営において、また売場づくりにおいても迷うことは当たり前のことだ。新しいことに取り組んだら迷うことは当たり前のことだ。

大事なことは知恵を絞りぬくことだ。そして知恵を絞りぬいて決めたことは断固として実行することだ。臆病に考え、大胆に行動する。運はついてくる。運も実力である。

考えぬいて実行したことは、たとえ何があっても後悔はしない。

失敗したことがない人は、ダメだ。挑戦したら必ず何割かは失敗する。失敗したことがない人とは、挑戦したことがない人だからだ。

失敗を許容する組織風土も重要である。失敗したらその原因を把握する。失敗からの挽回方法を思考する。失敗からの挽回方法を、組織の隅々まで理解させて実行する。

諦めなければ失敗ではない。失敗を隠さないこと。失敗を笑い話にできる企業風土も重要である。

過去の延長線上に未来はない。「今」を徹底分析して店をつくっても、所詮時代遅れである。

小ざかしく頭が良い人よりも、未来に向けて挑戦する〝ドン・キホーテ〟がいい。

ソリューション型ＤＧＳは、店スタッフ一人ひとりが顧客満足と生産性の向上を徹底して考えて行動する。最終的には自分を信じて行動する。そのためには「関わる人々を尊重する精神性」が欠かせない。

2 今来店して目の前にいるお客が先生だ

一次情報から世の中の大きな流れを把握する

日本の小売業はアメリカの「マネ」が好きだ。例えば１９７０年代はアメリカではシアーズが全盛だったので、日本でも「シアーズこそが、目指すべき小売業だ」とマネしたものだ。

１９８０年代になると今度はＫマートが全盛期を迎える。すると今度は「Ｋマートを目指そう」という風潮になる。

１９９０年代になるとウォルマートの快進撃が注目を集める。すると「ウォルマートこそが正しい。これをマネしよう」という人々が出てきた。

ＤＧＳ業界でも同じで、アメリカナンバーワンＤＧＳ企業のウォルグリーンをマネしようという人々もいた。ウォルグリーンこそが先生であり、ウォルグリーンこそが正しいという考え方の人々であった。

しかしこれらの「マネ」をした人々の大半が失敗している。ちなみにその国の商業の形態は以下の４項目で決まってくる。

第１はマーケット構造である。第２は商業構造である。第３は立地構造である。第４は法律と商慣習である。

日本とアメリカではこの４項目が異なるので、業態も全く違うかたちに進化したのである。つまり日本とアメリカでは「ＤＧＳ」といっても中身は全く異なる。

何より「アメリカの小売業が先生だ」という人々は、アメリカはよく研究しているけれど、今来店して目の前にいるお客は見ていなかった。だから失敗した。

われわれの先生はアメリカの先進的な小売業ではない。われわれの先生は、今来店して目の前にいるお客である。

人の考えをよく聞くことはもちろん大事だ。しかし人のマネはしてはならない。成功した事例は研究する。しかし、その人がその人のタイミングでやったから成功したのであって、自分が自分のタイミングでマネしても成功しないことのほうが多い。マネは後追いに過ぎない。オリジナルを絶対に超えられない。業態開発では、自分の能力や資産から、自分にあったオリジナルのやり方を探求することだ。

DGSづくりで大事なことは一次情報の活用である。ちなみに自分の目で見て、自分の頭で考えたことが一次情報である。各種データや本で読んだこと、人から聞いたことが二次情報である。

ITの進化と汎用化によって「データ」は誰でも収集と分析ができる。データで売場をつくるとどこの店も同じになる。結果、安売り合戦という消耗戦しかなくなる。何よりデータは過去に過ぎない。データでは今と未来は分からない。

大事なことは時代の大きな流れを見定めることだ。時代の大きな流れを理解した上で「こんな店をつくりたい！」という思想性をビジネスの中核にする。

つまり①人口減少、②お客の可処分所得の減少、③深刻な人手不足、④ネット販売の急伸、⑤競争の激化といった五重苦の時代を理解して、対応する戦略と戦術、技術と作業動作を考える。

勘を含めた一次情報を優先する。二次情報は、一次情報を裏付けるものである。時間をかけて徹底的に考えた上での「勘」は正しいことが多い。

豊かな人間性が魅力的な店をつくる

ＤＧＳビジネスで大事なことが、関わる人々を尊重する精神性である。人々の気持ちを第一に考えるべきだと思っている。豊かな人間性こそが、魅力的な店をつくる。

すなわち自分の損得よりも、人の損得を先に考える精神性である。店スタッフの気持ちや、お客の気持ちを大事にする精神性である。人（店スタッフやお客）を喜ばせることを習慣化して、それを喜びとする社風である。

ＤＧＳが、お客、店スタッフ、取引先の担当者等々、すべての人が豊かな気持ちでいられる場になることが理想である。

重要な判断の場合、そこに私利私欲がないかどうかを確認することも大事だ。

金銭欲、名誉欲、権勢欲といった私利私欲に基づく判断は、大抵、間違えるからだ。小売業においては、自分だけが得をする話はあり得ない。重要な判断をする際は、論理と体系、そして倫理性から行う。

革新は辺境から現れる。大企業や、本部のエリートから革新は生まれない。むしろ彼らは官僚化を推し進める。

地方の中小企業や、現場の店長や担当者が革新を成し遂げるのだ。少数者がなしえた革新を、どうやって大多数の保守派に広げるかが課題である。

少数者の革新は、異端者として排除されやすい。こうした少数者を発見し尊重して、登用する社風と仕組みが必要である。

お客を喜ばせ幸せにすることが業態開発の主語

人口が増加し、国民所得が増えている時代であれば、供給よりも需要が大きいのだから「お客の都合よりも経営の都合を優先する店づくり」でも良かった。顧客満足よりも経営効率を優先する店づくりでも良かった。

しかし人口減少時代は、お客から選ばれる店をつくらなければならない。すなわち「経営の都合よりもお客の都合を優先する店づくり」への転換である。

お客の立場から、お客の悩み、不満、要求に応えることが商品政策（ＭＤ）の主語になる。

従来のデータ分析を基にした「売れるか売れないかだけのＭＤ」から、お客を喜ばせ幸せにするMDへの転換である。

本当の差別化は「豊かさの喜びを知るお客を創る」ことだ。豊かさの喜びを知ったお客は、元には戻らない。ソリューション型DGSは潜在需要の生活向上品の提案によって「豊かさの喜びを知るお客を創る」のである。

人を大事にする会社が一番になる

一番にならなければつまらない。売上だけでなく、一番というのはいろいろある。例えばカテゴリー一番店、地域一番店、コンクール一番店、カウンセリング一番店、接客一番店等々だ。

一番には品位が必要である。いくら売上が大きくても、せこい、ずるい、汚いは、一番になる資格はない。自分の損得しか考えられない企業に、一番になる資格はない。一番店は、かっこよくあらねばない。

一番店づくりでは、職場環境の3つの方針も大事である。第1は、従業員一人ひとりの人生を光り輝くものとすることだ。第2は、そのための訓練と教育、特に教育を強化することだ。第3は、やりがいと誇りと団結心が持てる職場にすることだ。

人手不足の時代である。これからは「人」を大事にする企業しか残らない。

「会社」を運営しているのは従業員一人ひとりである。

会社は株主のものではない。もちろん会社の資産は株主のものである。しかし目的のために有機的に活動する会社組織は従業員のものである。つまり会社は、そして店は従業員一人ひとりのものである。

従業員が主役である。経営者は脇役である。いかに優秀な経営者でも、全てを一人で実行することはできないからだ。一人ひとりの従業員に「活躍の場」を提供する発想である。

そのためには従業員教育とモチベーション経営が急所になる。作業動作を徹底する訓練と、知的好奇心を育てる教育を強化する。それによって「考えながら作業する人材」を育成する。

仕事では、店スタッフ一人ひとりが、自分自身で考え、自分で計画し、実行する部分を必ずつくる。それによって仕事を、人生において価値あるものとする。

3 五重苦時代への対策

五重苦①人口減少への対策

有史以来、基本的に日本は人口が増加してきた。ちなみに１９４５年の日本の人口は７２００万人。２０１０年の日本の人口は１億２８００万人。65年間で実に５６００万人の増加である。

同時に国民所得も増加したのだから、安売りによる効果が極めて大きかった。安売りしてもそれ以上に売上と粗利益高が確保できたのである。しかしこうした成功法則はこれから通用しない。①人口減少、②お客の可処分所得の減少、③深刻な人手不足、④ネット販売の急伸、⑤競合の激化といった五重苦の時代への対策が必要になる。

人口減少への対策としては「需要創造」が必要になる。人口が増加して、所得も増加している時代であれば効率の追求が正しかった。供給よりも需要が大きいのだから、効率を追求して安売りすれば面白いように売れたし、儲かった。

しかしすでに人口減少時代に入った。人口が減少しても競合店の数は減らないのだから、需要よりも供給が大きくなる時代である。この時代、安売りしても売り個数は増えないし、効率を追求しても儲からない。

人口減少時代は需要創造が必要になる。ＤＧＳの需要創造には以下の2つの戦略がある。

第1は「世の中の流れから生まれる需要創造」である。例えば高齢化、長寿化、少子化といった時代の流れから生まれる需要創造である。

高齢化と長寿化からは健康寿命の延伸、調剤、健康食品、介護関連、健康体操、健康イベント、財産形成等のマーケットが生まれて拡大している。

少子化からは、高品質な子供用品や子供関連サービスが生まれている。例えば高品質の子供用の日焼け止めや虫よけスプレー、またフォローアップミルクなどである。これらは10年前はそれほど売れなかった商品である。

世の中の流れから生まれる需要については、そのマーケットサイズは巨大である。基本的には国の方針を理解することが重要になる。

第2は食品を含むハウスキーピングニーズの「店頭での需要創造」である。

生活必需品の安売りがあれば、人はそれなりの生活を送ることはできる。しかし豊かさは感じない。

お客の生活を豊かに幸せにする高品質の生活向上品を提案する発想である。例えば効き目が高い医薬品、お客自身がびっくりするほどきれいになれるメイク用品、お客の肌が若返るような基礎化粧品、美味しくてまた食べたくなる食品、美味しくて笑顔になってしまうお酒、びっくりするほど汚れが落ちる洗剤等々である。

こうした高品質商品のことをわれわれは「ファーストチョイス商品」と呼んでいる。ファーストチョイス商品のコンセプトは「お客を喜ばせ幸せにする高品質な商品」である。

人生は一度しかない。その人生を豊かに幸せにするファーストチョイス商品を店頭で提案する需要創造である。

このためには、来店して目の前にいるお客を観察して「こんな商品、こんなサービスがあったらきっと喜び幸せになるな」という想像力が必要になる。

そしてお客を喜ばせ幸せにするのがファーストチョイス商品である。ファーストチョイス商品は潜在的な需要に対応する商品なので、売るのが難しい。したがってファーストチョイス商品の販売を活力化する売場づくりの技術とカウンセリングが必要になる。

五重苦②可処分所得の減少への対策

お客の可処分所得の減少では「賢い消費行動」を提案する。

例えばパスタとソースで、イタリアで人気のブランド『バリラ』を食品売場で提案する。パスタ専門店並みに美味しい『バリラ』を提案することで、パスタ専門店からお客を奪う発想である。

パスタ専門店に4人家族で行ったら最低でも40000円はかかる。DGSの食品売場でバリラのパスタとソースを買えば、それが6000～7000円で済んでしまう。生活の質を落とさずに、生活コストの削減になる。

美容院で髪の毛を染めたら4000円はかかる。サロン並みの仕上がりが特徴の『ロレアルパリ エクセランス』を使えば1400円で済む。

居酒屋に行ったら、一人当たりの支出金額は平均5000円である。しかしDGSの酒類売場で本当に美味しいお酒と美味しいつまみを買えば、1000円で済む。

歯周病予防の歯磨きである『マスデント』は1280円、ブラック歯ブラシは298円、歯間ブラシは398円、『モンダミン プレミアムケア』は800円である。これらを使えば、歯周病が防げて、虫歯も防げるので歯科医院に通うコストが削減できる。

これらは賢い消費生活の提案による生活コストのセーブである。病院、美容院、外食店等から、高品質なファーストチョイス商品を中心にした売場づくりによってお客を奪う。そしてお客の実質支出を減らす。

これによってお客は限られた収入の中で、最高の豊かさを手に入れることができる。そしてこの発想のためには、サービス業や飲食店に負けない高品質商品＝ファーストチョイス商品が必要になる。

五重苦③深刻な人手不足への対策

深刻な人手不足への対策は「店スタッフの能力の向上と、定着率の向上」である。

労働法を守ることは当たり前であり、ワークライフバランスを重視することも当然である。働く人から選ばれる職場、定着する職場をつくる。何より働く人の人間性を尊重する。

定着率の向上では、楽しい仕事、やりがいがある仕事、誇りが持てる仕事を実現することである。

人は自分で決めたことは続けることができる。また仕事は自由度が大きいほど、面白くなるし、やりがいが生まれるし、誇りが持てる。

つまり店スタッフ一人ひとりが自分の目標を決めて、自由に売場づくりとカウンセリングに取り組む「自律型マネジメント」の確立である。

自律型マネジメントでは決められたことを実行する「集団同調気質」の育成と、新しいことに挑戦する「自己主張気質」の育成も必要になる。

定着率の重視では、特に優秀な人材の定着率を把握することだ。また女性の登用、女性役員や女性幹部が育つ人事制度、働く女性のためのバックアップ体制も必要になる。

高齢従業員も増えてくる。高齢者が働きやすい仕組みも必要になる。レジ等の省力化も課題になる。

五重苦④ネット販売の急伸への対策

ネット販売の急伸への対策としては「楽しい売場」「五感に訴える売場」の創造によって差別化する。

体験型の売場づくりであり、人との交流がある売場づくりである。商品、情報、体験、そして世界観のある売場づくりである。

五重苦⑤競争激化への対策

競争激化への対応としては、「ベーシックゾーンマーケット（顕在化した需要に応える生活必需品）」に加えて、「スペシャリティゾーンマーケット（潜在的な需要に対応する生活向上品）」への取り組みが必要になる。

また差別化という観点からすると、調剤とカウンセリング化粧品は必須である。食品の強化も必要である。リピート率の向上というテーマからソフト面とハード面の取り組みも重要になる。

売場経営者という発想

経営者と使用人は何が違うのだろうか。経営者には具体的な目標がある。使用人は指示待ち体質であり、雇われ人であり、自ら目標を持たない。

つまり具体的な目標を持って日々の作業に取り組む店スタッフが「売場経営者」である。

売場経営者は、言葉の目標である定性目標と、数字の目標である定量目標を持ち、自らが自由に売場を改善し、カウンセリングの改善にも取り組む。ソリューション型ＤＧＳでは売場経営者の育成が欠かせない。

人口減少時代がこれから本格化する。５年後、10年後などあっという間だ。20年後もあっという間だ。将来を考えて、今から具体的な行動を起こさねばならない。

第2章

安売り合戦の限界と新戦略

1 小商圏・高シェアの店づくり

最も大事なことは「リピート率」

小売業界では「小商圏・高シェアの店づくり」が目指すべき地平であると言われてきた。本章ではＤＧＳにおける小商圏・高シェアの戦略を解説する。

小商圏とはお客の家から近いところに店をつくることである。どんなに素晴らしい店であっても、家からクルマで1時間もかかるのであれば、お客は行こうとする気力さえ萎えてしまう。

高シェアとは、お客のハウスキーピングニーズの家計支出において高いシェアを実現することである。

例えばハウスキーピングニーズの買物に年間１００万円を使う家庭があるとする。１００万円のうち10万円をわが店で買物すれば家計シェアが10％である。１００万円のうち

80万円をわが店で買物すれば家計シェアが80％である。つまり家計シェアが高いということはリピート率が高く、わが店以外には行っていないことを意味する。

人口減少時代では、最も大事なことは「リピート率」である。商圏人口が減るのだから、同じお客に繰り返し来店してもらう発想である。

家計シェアが高い店はお客のリピート率が高いということを意味する。リピート率が高いお客とは、すなわちわが店のお得意さまである。

実のところ小商圏は比較的簡単である。小商圏はドミナント出店によって実現できる。ドミナント出店はお金があれば簡単にできるからだ。土地を借りるお金、建物を建てるお金、人を雇うお金、商品を仕入れるお金、そして運転資金があればドミナント出店によって小商圏は実現できる。

問題は高シェアである。高シェアであれば、お客が競合店を乗り越えてわが店にだけ来店する。今週も来週も再来週もわが店にだけ来店するということである。平日も週末も、平月も年末もわが店にだけ来店するということである。

私がＤＧＳのコンサルタントをはじめたのが約30年前である。この30年間を前半15年間と後半15年間に分けて考えると、ＤＧＳの状況が理解しやすい。

前半15年間は「ＤＧＳの黄金期」であった。この頃のＤＧＳは高シェアが実現できた。だからどこのＤＧＳ企業も相当に儲かったのである。

そして後半15年間は「ＤＧＳの淘汰の時代」である。後半15年間で多くのＤＧＳ企業が衰退し、消滅している。つまり後半15年はシェアが低下したＤＧＳ企業から衰退、消滅したのである。

安売り合戦によってローカルドラッグは疲弊

ＤＧＳが多店化をはじめたのは１９８５年頃からである。当時のＤＧＳは高シェアを比較的簡単に実現できた。

この頃ＤＧＳの競合店は零細な街の薬店であった。ＤＧＳが出店すると、お客は薬店を乗り越えてＤＧＳに来店したのである。ちなみに当時、薬店の売場面積は13坪程度であった。一方のＤＧＳは１００～１５０坪程度であった。

競合店が薬店であればＤＧＳは高シェアを実現できる。理由は以下である。

薬店は定価販売、対してＤＧＳは割引販売である。

薬店は単一部門構成小売業であり、薬しか買えない。対してＤＧＳは複合部門構成小売業であり、ワンストップショッピングができる。

薬店は営業時間が短く、日曜は定休日だし、不定期で休むこともよくある。対してＤＧＳは長時間営業で無休である。

薬店には駐車場がない。対してＤＧＳには駐車場がある。薬店では店主から手渡しで商品を買うのでプライバシーがない。対してＤＧＳはセルフで買える等々である。

１９９０年代になると日本各地でＤＧＳ企業が産声を上げ、店数を増やした。地方のＤＧＳ企業がドミナントによって商勢圏を確立したのがこの頃である。

ところが２０００年代に入ると状況が変わる。地方のＤＧＳの商勢圏に大手ＤＧＳ企業が出店しはじめたのである。

大手ＤＧＳ企業の出店によって地方のＤＧＳ企業の客数と売上は急激に下がったのである。地方のＤＧＳからすれば大問題である。

その対策として地方のＤＧＳが取り組んだのが安売りであった。売れ筋商品とコモディティ商品の安売りによって、大手ＤＧＳに奪われたお客と売上を奪い返す発想である。地方のＤＧＳと大手ＤＧＳとの安売り合戦のはじまりである。

問題は、ＤＧＳが展開する商品の大半が工業製品であり、ＮＢ商品ということだ。工業製品やＮＢ商品は、企業規模が大きく仕入れ量が多い大手ＤＧＳのほうが原価が安い。つまり安売り合戦をしたら、中小ＤＧＳ企業は大手には勝てない。

大手ＤＧＳと競合するまでは、地方のＤＧＳは激しく儲かったのである。わが世の春を謳歌したのである。ところが大手ＤＧＳの進出によって売上高と粗利益高が低下する。まるで天国から地獄である。

地方のＤＧＳ企業は業績が悪化する中で人件費の削減に手を付けた。長時間労働、サービス残業、さらには給料の伸び悩みといったことが起きる。結果、人材も大手ＤＧＳに流出したのである。

当時、私が指導していたＤＧＳ企業は地方の中小ばかりだった。指導先の中小ＤＧＳと大手ＤＧＳが安売り合戦をしたら、私の指導先は全滅である。これは足元が崩れ落ちるような恐怖であった。

安売り以外の競争軸を確立しなければならない。競争軸が安売りだけでは私が指導している地方のＤＧＳ企業は生き残れない。

そこで20年ほど前、新しい競争軸として考えたのが「高品質・高単価商品、販売活力化への挑戦」であった。

１９９０年代後半から小売業界は安売りのオンパレードであった。特にＤＧＳは安売りの成功体験が根強かった。

しかし安売りが主語の商品には弱点もある。低価格の安売り商品は必然的に品質も低く、顧客満足度も低いと考えたのである。

お客は安売りが大好きだ。しかし低価格の安売り商品しかない店には不満を持つと気が付いたのである。

例えば安売りで売り個数を増加させる低価格のヘアカラーは、必然的に品質も低い。低価格のヘアカラーには「軋む、痛む、色ムラ」が発生するといった不満がある。

女性の第一印象は髪の毛で決まる。いくらメイクが華やかであっても、髪の毛が痛んでいたら老け顔に見られる。

だからお母さんたちは、ＰＴＡや同窓会や結婚式に出るときは、低価格のヘアカラーは使わない。美容院で毛染めする。しかしお母さんからすれば美容院にも不満がある。１回染めるのに４０００～５０００円もかかるのである。

そこで「軋まない、痛まない、色ムラにならない。しかもサロン並みの仕上がり」の高品質高単価なヘアカラーとして『ロレアルパリ エクセランス』の販売に取り組んだのである。

その売場づくりの基本は以下である。

第１は、市場シェアナンバーワンの売れ筋商品は歯を食いしばって市場売価に合わせる。そして売場にドカンと積む。お客は安売りが大好きだからだ。

第２は、安売りが主語の低価格商品は品質も低いので、お客からすれば不満、悩み、要求がある。低価格のヘアカラーでいうと「軋む、痛む、色ムラになる」という不満である。そこで、お客の不満、悩み、要求を解決する高品質・高単価商品の『ロレアルパリ エクセランス』を提案したのである。

2 ファーストチョイス商品とは何か

2種類のファーストチョイス商品

生きていく上でなくてはならないのが生活必需品である。生活必需品は何より「安さ」が重要になる。

ＤＧＳはハウスキーピングニーズのワンストップショッピングストアなので、生活必需品の品揃えと価格の安さは絶対条件になる。

しかし安売りが主語の生活必需品は品質も低く、お客からすれば不満、悩み、要求がある。またお客は今の生活自体にも不満、悩み、要求がある。

こうした不満、悩み、要求を解決するのが高品質・高単価商品である。ＤＧＳが展開する高品質・高単価商品のことをわれわれは「ファーストチョイス商品」と呼んでいる。

ファーストチョイス商品のコンセプトは「お客を喜ばせ幸せにする商品」である。利益率は条件ではない。例え利益率が低くて儲からなくても、お客を喜ばせ幸せにする高品質商品をファーストチョイス商品に設定する。

ファーストチョイス商品には以下の2つがある。

第一はアップグレード商品である。これは質的に高い商品を提案する発想である。

例えば売価１０００円の美容液を使っているお客に、アンチエイジング機能が高い売価1万円の高品質の美容液を提案する。売価1万円の美容液の効果効能の良さを実感したお客はこの商品を使い続ける。１０００円の安い美容液に戻ることはない。

第2はアップスタンダード商品である。これはお客の生活に新しい品種を提案することで、お客の生活のスタンダート（標準）を向上させるというものである。

例えば『マキアージュ』のファンデーションを使っているお客に、毛穴を一瞬で消す下地を提案する発想である。この下地によって毛穴が消えて、ベースメイクの仕上がりが抜群に良くなったお客は、以降は下地を使うことがスタンダードになるわけだ。

リピート率が高い高品質・高単価商品は売るのが難しい

小商圏・高シェアを実現するための概念図が**図表1**である。前述のように小商圏はドミナント出店によって実現できる。

問題は高シェアだ。競合店が薬店であれば高シェアの実現は簡単であった。しかしＤＧＳ同士の競争になると、高シェアの実現は困難になる。ＤＧＳの展開する商品は工業製品やＮＢ商品なので、わが店と競合店の品揃えは８割同じだからだ。

この**図表1**はＤＧＳ同士の競合状態が発生した時の「小商圏のつくり方」を表している。右側が安売りゾーンである。ＰＯＳデータの売れ筋やコモディティ商品を安売りすることを表している。そしてこれらの安売り合戦になると利益率が低下するので、〝ＰＰ（プライベートパチモノ）〟商品を販売強化することを表している。

しかしすでに述べたように、右側のゾーンではシェアは向上しない。特に中小ＤＧＳは安売り合戦では大手に勝てない。さらに〝ＰＰ〟商品は品質が低いので売上構成比を上げると客数が減るのである。バツ印は安売りでは高シェアには行き着かないことを表している。

左側のゾーンが高品質・高単価商品（ファーストチョイス商品）による高シェアの取り組みである。高品質商品は効果効能が高く、顧客満足度が高い。したがってお客は繰り返し購入する。つまりリピート率と家計シェアが向上する。

人口減少時代における高シェアの実現には、まずは生活必需品の安売りは今まで通り歯を食いしばって取り組み、同時に顧客満足度が高くリピート率が高い高品質商品で差別化する必要がある。

しかしこれには高いハードルもある。どんなに品質が高い商品であってもお客は買ったことがない商品、使ったことがない商品の「良さが分からない」ことだ。つまり高品質・高単価商品（ファーストチョイス商品）は売

図表1◉小商圏・高シェア率の店づくり

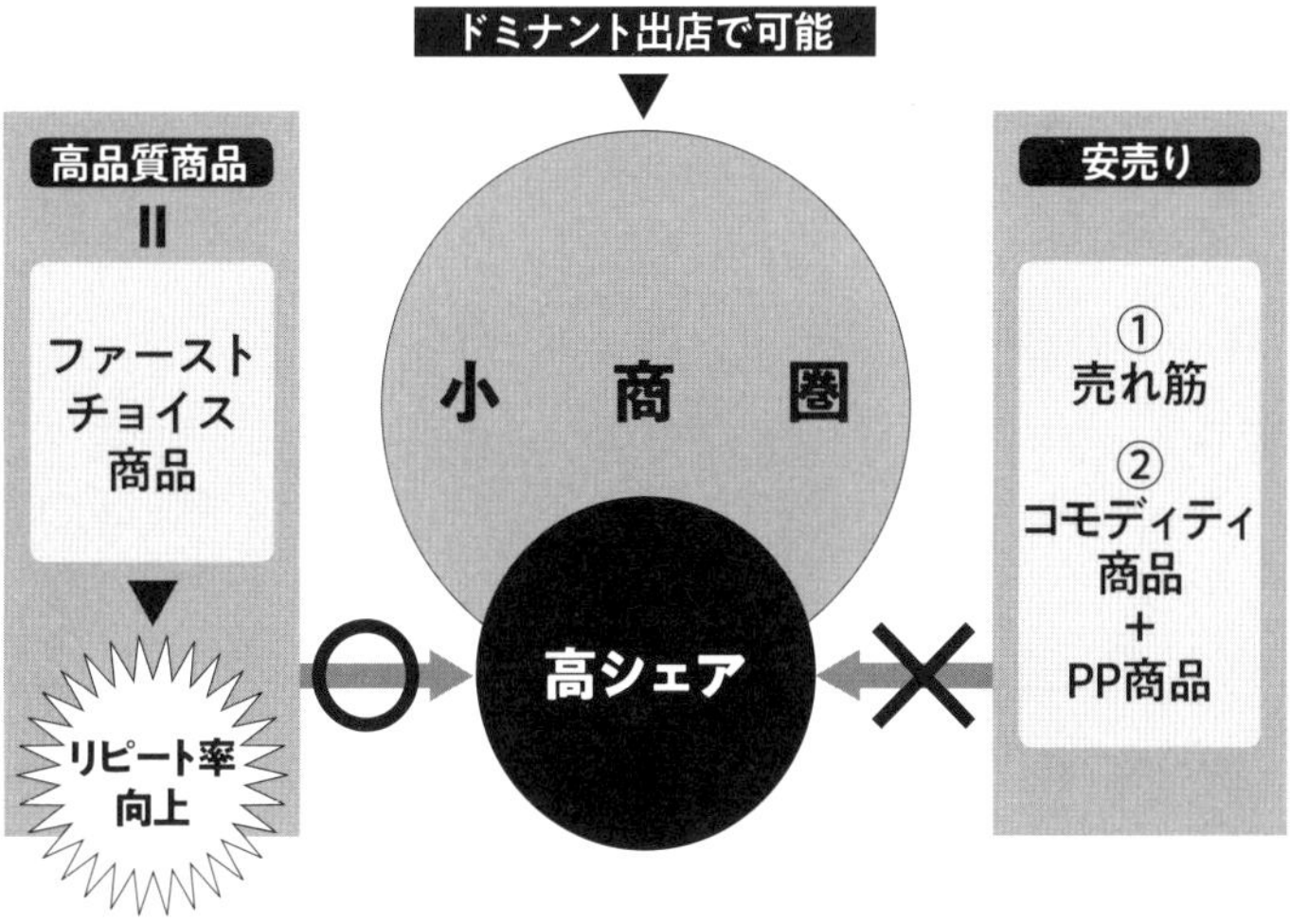

るのが難しい。

高品質商品は売れれば売上と利益に多大な貢献をする。また顧客満足度が高くリピートする商品なのでお得意さまを創る。しかし売れなければ、売上と利益、在庫回転とロス、そして経費率が一気に悪化する。

しかも高品質商品はバイヤーの指示だけでは全く売れない。店スタッフの創意工夫によって売り個数は大きく変わる。

したがって高品質商品の販売活力化では以下が求められる。

第１は店スタッフ一人ひとりの売場づくり技術と接客力の向上である。第２は店スタッフ一人ひとりのモチベーションとアドレナリンの向上である。第３は店スタッフの集団同調気質と自己主張気質の育成である。第４はこれらのための自律型マネジメントの確立である。

第3章

ターゲットマーケットと2つの業態戦略

1 DGSの二極化を理解する

マーケットを付加価値で分類する

ＤＧＳはディスカウント型とソリューション型に二極化している。この両者はターゲットマーケットもＭＤも異なる。そしてマネジメントとオペレーションも異なる。

ディスカウント型のターゲットマーケットはベーシックゾーンマーケット（顕在需要の生活必需品）である。ソリューション型のターゲットマーケットはベーシックゾーンマーケットとスペシャリティゾーンマーケット（潜在需要の生活向上品）である。

図表２が物販のマーケットを付加価値で表したものである。これは私の恩師の石原靖曠先生の研究会が40年前に作成した分類法である。

縦軸の上に行くほど付加価値が高く価格も高いマーケットであり、下に行くほど付加価値が低く値段も安いマーケットである。横軸はマーケットサイズの大小を表す。

一番上がラジカルゾーンマーケット（ぜいたく品マーケット）である。過激なほど付加価値が高く値段も高いマーケットであるが、そのサイズは小さい。例えば『エルメス』のバッグなどが相当する。ＤＧＳは当然、ラジカルゾーンマーケットは対象ではない。

一番下はベーシックゾーンマーケットである。付加価値が低く値段も安いが、マーケットは巨大である。

いわゆる生活必需品であり、お客からすれば生きていく上で欠かすことができない商品である。生活必需品は顕在需要なのでＰＯＳデータや市場データで把握できるマーケットである。

真ん中部分がスペシャリティゾーンマーケットである。付加価値はそこそこ高く、値

図表2◉物販のマーケットを付加価値で表したもの

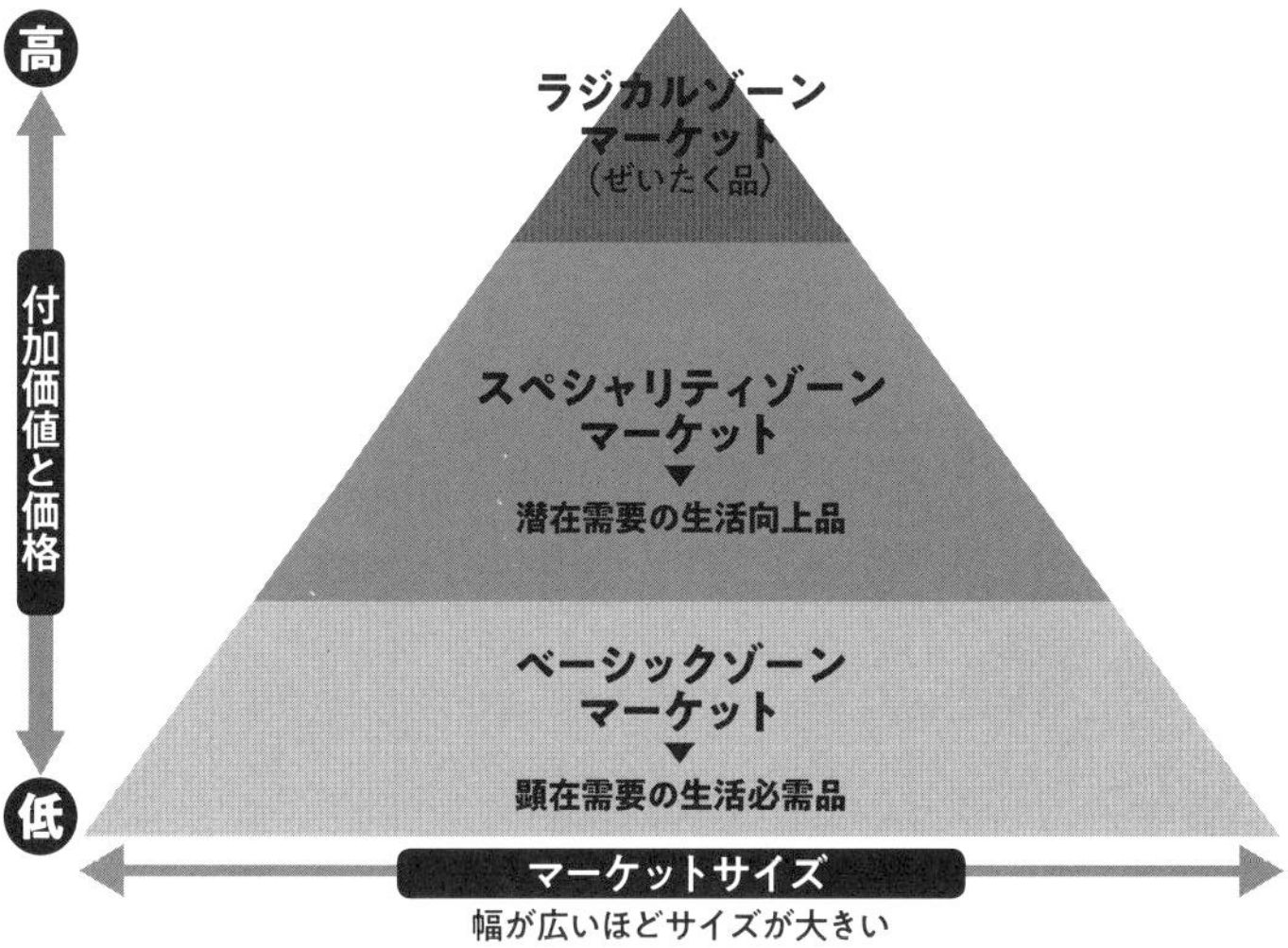

段もそこそこ高い。マーケットもそこそこ大きい。

いわゆる生活向上品であり「あったら生活がより豊かになるが、なくてもそれほど困らない商品」である。

生活向上品は売れれば儲かる。問題は「生活向上品は売るのが難しい」という点である。お客は、生活必需品さえあれば生きていくことはできる。つまり生活向上品はなくても困らないからだ。

また生活向上品は潜在需要なので、データが存在しないという難しさもある。市場データやＰＯＳデータを分析しても、生活向上品は把握できない。

基本的に発展途上国のマーケットはラジカルゾーンマーケットとベーシックゾーンマーケットによって構成される。発展途上国は貧富の差が激しいので、一部の大金持ちと大多数の貧困層によって成り立っているからだ。

先進国のように経済が発展して中間層がボリューム化することで生まれるのがスペシャリティゾーンマーケットである。

ディスカウント型DGSの特徴

ＤＧＳはディスカウント型とソリューション型に二極化している。

ディスカウント型ＤＧＳのターゲットマーケットはベーシックゾーンマーケットである。ディスカウント型の目的来店性は生活必需品の安さである。競合店よりも相対的にコストが低く、相対的に価格が安いのが魅力の業態である。

ディスカウント型の最大の経営テーマがコストダウンである。コストダウンのためにディスカウント型が取り組んでいることが以下である。

第１は、人件費の徹底削減である。小売業の損益計算書のコスト項目で一番大きいのは人件費だからだ。例えば薬剤師ではなく、医薬品登録販売者の比率を増やす。美容部員を配置しない。パート比率を上げる等である。

第２は、店作業を簡略化・規格化して売場の作業コストを徹底削減する。プロモーション売場は手間がかかるので、基本的には定番主義である。

第３は、店作業のコストダウンをテーマにアイテムを絞り込む。

第４は、売るのが難しい高品質・高価格帯の商品や潜在需要の商品をカットする。つまり基本的にはスペシャリティゾーンマーケットの商品は扱わない。

第5は、利益確保のために〝ＰＰ商品〟とリベート商品の売上構成比を上げる。

第6は、本部集中管理のマネジメント（制御型マネジメント）の徹底等である。

基本的にディスカウント型ＤＧＳの成立条件は、人口が増えることだ。人口が増えるのであれば、安売りしても売り個数は増え、粗利益率は下がっても粗利益高は増えるからだ。

ディスカウント型ＤＧＳの問題点

今日、ディスカウント型ＤＧＳが全盛である。ただしディスカウント型には以下の問題もある。

ディスカウントの深掘り＝ディープディスカウントは、お客の都合よりも経営の都合を優先してしまうのである。コストダウンによって顧客満足度が下がってしまうのだ。以下がディスカウント型の問題である。

第1は店スタッフの問題である。ディスカウント型は売場の人を減らしているので、レジ以外には人がいない。さらに薬剤師や美容部員や知識のある売場担当者がいないので、お客が店スタッフに何かを聞いても専門知識がなくて答えてくれない「不快な店」になりやすい。

第２は、ディスカウント型はアイテムを絞り込み、〝ＰＰ商品〟とリベート商品中心なのでお客一人ひとりが欲しい商品や、自分好みの商品が欠落した「不便な店」になりやすい。

第３は、ディスカウント型はスペシャリティゾーンマーケットを狙わないので、お客一人ひとりを喜ばせ幸せにする高品質商品と情報がない「不満な店」になりやすい。

ディスカウント型ＤＧＳはお客からすると「不快、不便、不満な店」になりやすい。

ディスカウント型のＭＤの主語は競合店よりも相対的に価格が安いということであり、つまり競合店はマークしているがお客の生活と買物を見ていない。売場効率を優先すればするほど、顧客満足から遠ざかるのである。

さらに人口動態の変化もディスカウント型にとって向かい風となる。

人口増加時代、そしてモノ不足時代であれば、モノを効率的につくり、効率的に物流し、効率的に販売することが経営の急所であった。そこに大きな需要が存在したのだから、効率優先こそが重要であった。

マーケットが拡大している時代であれば「競合店よりも相対的に良い店」であれば成功した。例えば競合店よりも相対的にローコストで低価格であれば儲かった。

しかし時代は変わった。人口減少時代になった。さらにモノ余り時代ではいくら効率を追求しても売り個数は増えない。

人口減少とモノ余り時代では、今までのような効率一辺倒の経営では安売り合戦と人件費削減合戦という消耗戦しかなくなる。一時的に経営効率が向上して株価は上がるかもしれないが、お客と従業員は幸せにはならない。

われわれが取り組んでいるのがソリューション型ＤＧＳである。

もちろんお客は安売りは大好きだ。しかし低単価の安売り商品しかない店は好きではない。安さが主語の低単価商品には、お客は不満、悩み、要求がある。既存の商品にも、お客は不満、悩み、要求がある。今の生活にも、お客は不満、悩み、要求がある。何よりお客は、自らの不満、悩み、要求に気が付かないこともある。

こうしたお客の不満、悩み、要求を解決する高品質商品と情報を提供するのがソリューション型ＤＧＳである。

2 ソリューション型DGSの急所

需要創造のためにコストを投入する

人口減少時代は安売りしても売り個数は増えない。需要創造に取り組まなければ生き残れない時代である。需要創造ＭＤが特徴のソリューション型ＤＧＳの戦略を解説する。

小売業界はディスカウントが全盛であった。ＤＧＳ業界にも安売りの成功体験が強烈に根付いている。

ちなみに第二次世界大戦が終わった１９４５年の日本の人口が７２００万人である。そして２０１０年の人口が１億２８００万人である。65年間で実に人口が５６００万人も増加している。韓国の人口が５２００万人であり、オーストラリアの人口が２５００万人と考えると、戦後の人口増加の凄さが理解できる。

同時に国民所得も増加したのだから、大変なマーケットの拡大である。加えて１９９０年代後半まで近代的な業態店も少なくて大した競争はなかった。

こうした時代であれば店をつくり、安売りすれば面白いように売上と利益が増えたのである。効率と安売りを優先するビジネスモデルが正しかった。

しかしすでに人口減少時代に入っている。この時代、安売りしても売り個数は増えない。効率を追求しても売上と利益は上がらない。人口減少時代では「需要創造ＭＤ」に進化する必要がある。

需要創造は、従来のローコスト経営では実現できない。需要創造では、むしろ経費を投入することが求められる。誤解を恐れずに言うならば「ハイコストオペレーション」である。需要創造のために経費を投入しても、正しいタイミングで投資回収すればいいという発想である。

スペシャリティゾーンマーケットは データ分析では発見できない

ディスカウント型ＤＧＳのターゲットマーケットはベーシックゾーンマーケット（顕在需要の生活必需品）である。

一方、ソリューション型ＤＧＳのターゲットマーケットはベーシックゾーンマーケットに加えてスペシャリティゾーンマーケット（潜在需要の生活向上品）である。

ベーシックゾーンマーケットでは、今まで通り歯を食いしばって安売り合戦に対抗する。その上で、スペシャリティゾーンマーケットで需要創造に取り組む発想である。

ベーシックゾーンマーケットはＰＯＳデータや市場データで把握できる。特に近年のＩＴの進化から、データ分析の高度化と汎用化が進んでいる。売れ筋のいち早い発見が可能になっている。

一方、スペシャリティゾーンマーケットは潜在需要であり、データが存在しない。つまりスペシャリティゾーンマーケットは把握すること自体が難しい。

スペシャリティゾーンマーケットの生活向上品には、①アップグレード商品、②アップスタンダード商品の２種類があることはすでに述べた。

アップグレード商品にしてもアップスタンダード商品にしても、発見すること自体が難しいし、育成するのも難しいという高いハードルがある。

これらの生活向上品は売れれば売上と利益に貢献するが、売れなければ売上、利益、在庫回転、ロス、経費率を悪化させるからだ。

需要創造では第１にスペシャリティゾーンマーケットのアップグレード商品とアップグ

レード商品を発見する仕組みづくりが必要になる。そのためには一次情報の活用が急所になる。ちなみに一次情報とは「自分の目で見て、自分の頭で考えた情報」である。二次情報とは「データや本や人から聞いた情報」である。

第2はアップグレード商品とアップスタンダード商品の販売活力化の技術である。つまり需要創造の売場づくりとカウンセリング技術の確立である。

実のところ需要創造に中心的に取り組むのは店スタッフである。つまり需要創造では店スタッフ一人ひとりの創意工夫も欠かせない。店スタッフのモチベーションとアドレナリンを高める自律型マネジメントの確立も必要である。

優秀な人材は需要創造に取り組む

データ分析の高度化が進んでいる。問題は、データ分析をすればするほど、どのＤＧＳも同じ品揃えになることだ。結果、安売り合戦という消耗戦しかなくなる。

加えて過去20年間の安売り合戦でベーシックゾーンマーケット（生活必需品）の単価と粗利益高の低下といった問題もある。例えば20年前、ハウス食品の『咖喱屋カレー』の定番価格は１４８円、10年前は１２８円。今は97円と下がっている。だから仕入れ原価が高い中小小売業から疲弊している。

また人口減少時代はベーシックゾーンマーケットが縮小する。安売りしても売り個数は増えない時代がはじまっている。従来の効率追求の経営をしていては企業を維持できない時代である。

需要創造こそが、生き残りの急所である。そして果敢に需要創造に挑戦するのがソリューション型ＤＧＳである。

需要創造で最も大事なことが人材育成と自律型マネジメントの確立である。

従来、小売業では優秀な人材ほど、データ分析に取り組んでいた。ＩＤ付きＰＯＳデータの分析等である。

しかしこれからは「需要創造に挑戦する人材」を評価しなければならない。すなわちアップグレード商品とアップスタンダード商品を発見する人材。そして販売活力化によってこれらの売り個数を増やす人材の育成である。

ＡＩが社会に浸透しはじめた。この時代、ＩＴの活用は当たり前であり、ＩＴを活用した上でお客の期待を超える売場を実現する。それが需要創造ＭＤである。一部のスタッフだけではなく、営業も総務も情報システムも、全社が需要創造を意識して取り組む必要がある。

3　3つの目的来店性を理解する

日々の生活を豊かなかたちで維持する業態

ＤＧＳのターゲットマーケットはハウスキーピングニーズである。つまりＤＧＳの本質はハウスキーピングニーズのワンストップショッピングストアである。

物販のマーケットは食品、アパレル、そしてノンフーズの3つに大別できる。ＤＧＳの平均的な売上構成比はノンフーズが70％、食品が30％である。つまりＤＧＳはノンフーズの業態ということができる。

ノンフーズマーケットを大きく分類するとハウスキーピングニーズ、ホームニーズ、エンジョイニーズの3つになる（**図表3**）。

ハウスキーピングニーズとは「日々の生活を豊かなかたちで維持する」という需要概念である。

ハウスキーピングニーズは小商圏で来店頻度が高いという特徴がある。また消耗品なので習慣的な買物であり、小サイズ品、低単価品なので「ついで買い」が多いという特徴がある。

ちなみにホームニーズは「住まいを維持し、改善する」という需要概念である。商品としては家具、インテリア、ＤＩＹ、園芸等になる。エンジョイニーズは「遊ぶ、楽しむ」という需要概念である。商品としてはスポーツ用品やオーディオビジュアルや『ニンテンドーＤＳ』等である。

ホームニーズとエンジョイニーズは、１品単価が高いという特徴がある。したがってお客はたとえ家から遠くても一番安い店を探して行く。また、たとえ家から遠くても一番品

図表3◉ニーズ別の特徴

	ハウスキーピングニーズ	ホームニーズ	エンジョイニーズ
需要概念	日々の生活を豊かなかたちで維持することに関する需要 (DGS、フード&ドラッグ等)	住まいを維持し、改善することに関する需要 (HC、ホームファッションストア等)	楽しむ、遊ぶことに関する需要 (スポーツ専門店、家電専門店等)
買物特性	習慣的買物、ついで買い	プロジェクト購買(計画的な購買)	
来店頻度	高い	低い	
商　圏	小商圏	広域商圏	

揃えが良い店を探して行く。つまりホームニーズとエンジョイニーズは広域商圏で来店頻度が低い。基本的にＤＧＳはホームニーズとエンジョイニーズは扱わない。

カテゴリー単位で目的来店性を強化する

競争はカテゴリー単位で発生する。魅力のあるカテゴリーは商圏人口が増えるが、魅力に欠けるカテゴリーは商圏人口が減少する。

ＤＧＳはハウスキーピングニーズをカテゴリー単位で強化することで、顧客満足度とリピート率を高めたのである。

カテゴリーの目的来店性には以下の３つがある。

第１は、コンビニエンスである。手軽、気軽、便利さといったカテゴリーの魅力である。目的とする商品が必ずおいてあるとか、目的とする商品を発見しやすいとか、いつでも便利に買物できるといった魅力である。基本的に目的来店性のコンビニエンスは、競合店が出店すると商圏が縮小しやすい。

第２は、ディスカウントである。安さの魅力でお客を集める。競合店よりも安ければ、競合店を乗り越えてお客が来店する。問題は、人口減少時代はディスカウントしても売り個数が増えないことだ。

第３は、スペシャリティ（専門性）である。生活向上品の魅力によって目的来店性をつくるものである。生活向上品とは、前述したようにお客の生活を具体的により良くする高品質商品（アップグレード商品、アップスタンダード商品）である。高品質商品は顧客満足も高いのでリピートする。つまりカテゴリーのお得意さまを創る。

この３つの目的来店性はＤＧＳの歴史を振り返ると理解しやすい。

１９８０年代はＤＧＳの黎明期であった。この時代はコンビニエンスという目的来店性だけで差別化できた。

当時、ＤＧＳの主な競合店は薬店であった。薬店のことを単一部門構成小売業という。基本的に医薬品しかないので、買物が不便だ。一方のＤＧＳは複合部門構成小売業である。つまりＤＧＳは「薬店よりもハウスキーピングニーズの買物が便利」という部分でお客が来店したのである。当時はＤＧＳ同士の競争はほとんどなかったので、手軽で便利という目的来店性によって成長できたのである。

１９９０年代後半になるとコンビニエンスだけでは差別化できなくなった。

この頃からＤＧＳ同士の競争が発生しはじめる。それまでは商圏ごとにＤＧＳは１社で実質的に独占状態であった。そこにほかのＤＧＳが進出するようになったのである。

ＤＧＳはＮＢ商品が中心であり、わが店も競合店も品揃えは8割ぐらい同じである。品揃えでは差別化しにくい。そこで差別化として安売り＝ディスカウントに取り組んだのである。コンビニエンス＋ディスカウントという2つの目的来店性の時代である。

２００５年以降は競合がさらに激しくなる。またデータ分析の普及と高度化から、わが店も競合店も品揃えが似てきた。結果、コンビニエンスとディスカウントだけでは差別化できなくなった。

２００５年以降、一部のＤＧＳはコンビニエンスとディスカウントに加えて、第3の目的来店性、つまりスペシャリティに取り組むようになる。こうしたＤＧＳをソリューション型ＤＧＳと呼ぶ。

ソリューション型ＤＧＳはカテゴリー単位でコンビニエンス×ディスカウント×スペシャリティの目的来店性の相乗効果を狙っていく。

生存的商品、Ｈ＆ＢＣと食品の強化

ハウスキーピングニーズの心臓部分に相当するのがＨ＆ＢＣ商品である。Ｈ＆ＢＣ商品は生きていく上で欠かせない「生存的商品」だからだ。

ＤＧＳはハウスキーピングニーズのワンストップショッピングストアであるが、生存的商品であるＨ＆ＢＣ商品は特に強化する。だから調剤も展開するし、薬剤師や管理栄養士、そして美容部員も常駐するのである。

Ｈ＆ＢＣ商品と同じような生存的商品はほかにもある。それが食品である。Ｈ＆ＢＣ商品と食品はどちらも生存的商品ということから、相性が良い。ＤＧＳにとって食品はなくてはならない商品である。

とはいえ、今から30年前のＤＧＳの勃興期においては、それほど深い考えがあって食品を導入したわけではない。

30年前のＤＧＳは、食品はマーケットが大きく、来店頻度が高く、集客が見込めることから強化したのである。食品によって客数を増やし、Ｈ＆ＢＣや雑貨の「ついで買い」を狙う発想である。

また、食品をロスリーダー的な集客商品にして、Ｈ＆ＢＣと雑貨で利益を稼ぐといった発想もあった。特に医薬品と食品の粗利ミックスは効果的であった。

30年前、ＳＭの利益商品に牛乳（１リットル）があった。牛乳は利益商品なのでＳＭは安売りをしなかった（したくなかった）。そこでＤＧＳが医薬品の利益を元手に牛乳を安売りしてＳＭからお客を奪ったのである。

半完成品の食品を展開、食生活をカバーする主役に

20〜30年前からＤＧＳは食品を導入して客数の増加を図っている。最初のころは「管理が簡単で、コストも低く、価格を安くすれば売り個数が増える食品」から導入している。しかし食品売場の強化・拡大の過程で「どんな食品を導入すべきか」という問題が発生しはじめる。お客の食生活のどの部分をカバーすべきかといった問題である。

食品にはさまざまな分類方法があるが、以下のようなくくりもある。

第1が素材である。精肉、鮮魚、青果が中心になる。

第2が完成品である。サラダ、弁当、おにぎり等である。

そして第3が半完成品である。インスタント、レトルト、冷凍食品、乾麺等である。

当然、ＤＧＳは素材（精肉、鮮魚、青果等）は扱えない。完成品（サラダ、弁当、おにぎり）も無理だ。そこでＤＧＳは半完成品（インスタント、レトルト、冷凍食品、乾麺等）を中心に展開したのである。

その後、ＤＧＳの食品売場はバージョンアップを続けてきた。20年前と今では「お客の食生活における存在性」も変化している。

20年前、お客は今晩のおかずや今週の食材を買おうと考えたら、まっすぐにＳＭに行った

のである。そしてＤＧＳの食品は安いので、お客は5回ＳＭに行ったら、そのうち1回程度はＤＧＳにも立ち寄って安売りの食品を買ったのである。

つまり当時は、お客の食生活をカバーする主役がＳＭであり、ＤＧＳは脇役であった。

しかし今は違う。半完成品を展開するＤＧＳは「お客の食生活をカバーする主役」に進化している。その理由は以下の3点である。

第1は、働く女性が増えたことである。働く女性は家事時間が短い。調理時間が短い。働く女性は半完成品を活用する。つまりインスタント、レトルト、冷凍食品、乾麺等の半完成品を展開するＤＧＳを活用しはじめたのである。

第2は、半完成品の品質が劇的に、革新的に良くなったことである。インスタント、レトルト、冷凍食品、乾麺等の品質が良くなり、それこそレストランや中華料理店、パスタ専門店よりも美味しい商品が増えた。下手に料理をするよりも、これらの半完成品のほうがよほど美味しくなったのである。

第3は、料理をしない女性に対して社会が寛容になったことである。30年前までは、料理をしない女性や主婦は「けしからん」などとバッシングされたものである。しかし今は、料理をしない女性や主婦は当たり前であり、料理をしないことを責めることが常識外れになっている。

これらの3つの理由から、半完成品の食品を展開するＤＧＳが、今では「食生活をカバーする主役」になりつつある。

4 ＤＧＳの生鮮食品販売の是非

生鮮ＤＧＳの2つのタイプ

食品強化の延長線上として「生鮮食品」を導入するＤＧＳが注目されている。すなわち日本型フード＆ドラッグの開発である。ＤＧＳの生鮮導入は成功するのか。成功するとしたら何が条件なのか。

ＤＧＳの扱い商品の8割はＮＢ商品である。品揃えでは競合店との差別化は難しい。したがって差別化は安売りが中心になる。

そこで新しい差別化策として「生鮮を導入するＤＧＳ」が現れてきた。すでに述べたが、ＤＧＳは食品の半完成品を展開することで、お客の食生活をカバーしてきた。つまり食生活のカバー機能をさらに強化するための生鮮食品の導入である。

ＤＧＳの生鮮食品の導入には以下の２つのタイプがある。

タイプ１は「一般食品の『ついで買い』の生鮮食品」を展開するＤＧＳである。

例えば『バーモントカレー』を目当てに来店したお客に、「ついで買い」の豚バラ肉と根菜を展開する発想の店である。このタイプは取り扱い品目を絞り込み、値段もそこそこ安ければお客は納得する。生鮮食品のアイテム数は少なく、売場スペースは狭い。

タイプ２は「目的来店性を発揮する生鮮食品」を展開するＤＧＳである。

例えば夕食をすき焼きにしようと思ったお客が、すき焼きに必要な生鮮食品を買いに来る店である。「初鰹で日本酒をきゅっと飲もう♪」というお客が、新鮮な初鰹を買いにくる店である。

タイプ２は安売りアイテムと高品質アイテムの両方が必要になる。また鮮度の良さも必要になる。ＳＭの生鮮部門とも競合する。生鮮食品のカテゴリーの適正規模が必要になるので、売場面積は６００坪程度は必要になる。

基本的に売場面積３００坪型のＤＧＳの場合はタイプ１になる。また年間50～１００店を高速出店する大手ＤＧＳ企業の場合、タイプ１の「一般食品の『ついで買い』の生鮮食品」であれば成功する。

逆に言うと、売場面積が３００坪程度のＤＧＳか、または年間に50～１００店という高速出店をするＤＧＳ企業ではタイプ２は現実的ではない。

タイプ２はＳＭと競合する。したがってＳＭと戦える生鮮売場をつくるとなると、売場面積は６００坪程度は必要になるからだ。さらにＳＭと戦える生鮮売場となると、インストア加工の比率も増えるので年間の出店数も数店が限度になる。

ＤＧＳに生鮮食品を導入することで発生する問題

「生鮮食品の導入によって業績が上がった！」と言っている上場ＤＧＳ企業もあるようだ。しかしＤＧＳへの生鮮食品の導入は、良いことばかりではない。現実、以下のような問題が発生している。

第１は、ＤＧＳの生鮮食品はセンター加工であり、地域一番のＳＭが行っているインストア加工に比べると鮮度や品揃えが劣ることだ。旬の食材やお客の食生活を豊かにする食材の提案は難しい。

第2は、生鮮食品が入ると一般食品のアイテム数が増加し、コストが上昇する。例えば精肉を導入したら、黒コショウの品揃えは拡大しなければならない。つまりアイテム数の増加は作業量とコストの増加をもたらす。

第3は、生鮮食品を扱うことでイニシャルコストもオペレーションコストも必ず上がることだ。コストアップしてもＤＧＳ同士の価格競争は継続している。コストダウンによってカバーする必要性が出てくる。

小売業の損益計算書のコスト項目で大きいのは人件費なので、生鮮食品の導入によってコストアップしたＤＧＳは「人件費の引き下げ」に取り組むケースが多い。

具体的には店スタッフの数を減らす、パート比率を上げる、売場から薬剤師や美容部員といった専門職を減らす、社員の給料を減らすといった方法である。しかしこれらのことを行うと店スタッフのモチベーションが決定的に低下する。

第4は、生鮮を導入するとイニシャルコストもオペレーションコストも上がるので、総資本営業利益率（ＲＯＡ）が悪化しやすいことだ。特に上場ＤＧＳ企業は、投資家からほかのＤＧＳチェーンと比較されるので、ＲＯＡの悪化には敏感になる。

つまり生鮮食品導入によってコスト増加とＲＯＡ低下をカバーするためには「在庫の回転」を上げることが必要になる。

そこで在庫回転が悪くなりやすいカウンセリング化粧品をはじめ、ヘルスケアや雑貨でも高機能高単価な潜在需要アイテムの在庫を徹底的に削減、あるいはカットするようになる。

しかしこれらのことを行うと売場からスペシャリティという魅力が失われる。

DGSによる生鮮食品の導入は簡単なことではない。H＆BCと雑貨ではDGSとの競争があり、生鮮食品ではSMと競争になるからだ。一歩間違えれば、DGSとしても魅力がなく、生鮮食品でも魅力がない中途半端な店になる。

最強の業態＝日本型フード＆ドラッグ成功の条件

先にも述べたが、高速出店している上場DGS企業であれば、絞り込んだ生鮮食品を導入するタイプ1しか成立しないと思っている。タイプ2は無理だと思っている。

タイプ2に取り組んで成功できるDGS企業は少ない。タイプ2は「日本型フード＆ドラッグ」と呼ぶべき存在であり、ハウスキーピングニーズの業態としては最強である。

DGS企業がタイプ2を目指す場合は以下が条件になる。

第1は、本格的に生鮮食品を導入するのであれば売場面積は600～1000坪は必要になることだ。

Ｈ＆ＢＣ、雑貨、菓子、一般食品、日配品、酒類、そして生鮮４品（青果・精肉・鮮魚・総菜）の「カテゴリーの適正規模」を追求したら、この規模になる。

第２は、Ｈ＆ＢＣ、雑貨、菓子、一般食品、日配品、酒類、そして生鮮４品においても地域一番の繁盛店をつくることだ。

ＤＧＳが生鮮４品を導入するとイニシャルコストもオペレーションコストも上がる。繁盛店でないと、コストをカバーできない。また繁盛店でないと、鮮度の高い生鮮食品の品揃えの豊かさは維持できない。つまりローコスト主義のＤＧＳ企業では、生鮮をモノにするのは難しい。

第３は、謙虚な姿勢で日本のＳＭから学ぶことだ。

日本のＳＭは50年間以上をかけて生鮮食品のＭＤをつくりあげ、磨き上げてきた。日本の食文化をつくり上げてきたのはＳＭである。謙虚な気持ちで、そしてコストをかけて取り組まないと生鮮食品導入は成功しない。

第４は、年間の出店数を減らすことだ。タイプ２の場合、年間出店数は４～５店が上限だろう。競争力のある生鮮食品売場をつくるとなると、年間数十店の出店は無理だ。

第５は、Ｈ＆ＢＣの徹底強化である。生鮮食品を導入しても、Ｈ＆ＢＣが弱体化したら元も子もない。例えば調剤併設、カウンセリング化粧品の強化といったことが前提になる。

第6は、雑貨の用途機能の高密度化（用途機能を多く取り揃えること）、品目揃えの強化である。ハウスキーピングニーズのワンストップショッピングストアでは雑貨の強化は欠かせない。

第7は、生鮮食品の導入の前に、一般食品、菓子、日配品、酒類等を徹底強化することだ。カテゴリー単位でSMと戦える売場づくりである。

タイプ2、すなわち日本型フード&ドラッグの開発では、H&BC、雑貨、菓子、一般食品、日配品、酒類、生鮮4品においてカテゴリー単位でコンビニエンス×ディスカウト×スペシャリティの強化が必要になる。

第4章

DGSのMDの6段階進化

１　現在のテーマは「小カテゴリーＭＤ」

環境変化に合わせてＭＤが進化

ＤＧＳは環境変化に対応して、６段階でＭＤを進化させることで生き残ってきた。これからは需要創造ＭＤに進化しなければならない。

ＤＧＳのＭＤの第１段階は１９８５年頃である。この頃、ＤＧＳの売場面積は１００〜１５０坪程度でＭＤのテーマは「売れ筋を単品で追う」であった。テレビＣＭが多いＮＢ商品や、市場の売れ筋を売場に山積みして、そして安売りして客数と売上と利益を稼ぐ手法であった。

しかしこの手法には「お客の生活と買物をカバーできない」という欠陥があった。また売れ筋品目の安売り合戦になると儲からなくなるという欠陥もあった。

ＭＤの第２段階は１９９０年からで、テーマは「カテゴリーＭＤ」である。お客にとってもっとも分かりやすくてインパクトのあるグルーピング＝カテゴリー単位で売場をつくったのである。

　カテゴリーで売場をつくることで、お客の生活と買物をカバーすることが可能になった。また粗利ミックスも可能になった。ちなみにカテゴリーのつくり方は、①生活局面、②買物局面、③ライフスタイル、④生産体系等がある。

　ＭＤの第３段階は１９９０年代後半からである。この頃から郊外立地のＤＧＳの売場面積は３００坪に拡大している。ＭＤのテーマは「カテゴリーの優先順位の明確化」である。カテゴリー単位で売場の生産性分析に取り組み、優先順位が高いカテゴリーを把握して強化したのである。

　優先順位が高いカテゴリーとは、①売上あるいはマーケットサイズが大きいカテゴリー、②粗利益高が大きいカテゴリー、③目的来店性を発揮するカテゴリーである。

　競争はカテゴリー単位で発生する。商圏人口もカテゴリー単位で決まってくる。魅力のないカテゴリーは商圏人口が縮小するし、魅力のあるカテゴリーは商圏人口が拡大する。つまり優先順位が高いカテゴリーを把握してスペースを拡大、強化したのである。それによってカテゴリー商圏人口の増大を狙ったのである。

　ＭＤの第４段階は２０００年頃からである。テーマは「ディスカウントの強化」である。

この頃からＤＧＳ同士の安売り競争が本格化する。商勢圏に競合のＤＧＳが進出しはじめたのである。

そこで、仕入れや店舗オペレーションの合理化によってコストをダウン。生活必需品のディスカウントの強化に取り組んだのである。安売りによって、お客が競合店を乗り越えて来店する店を目指したのである。

ＭＤの第５段階は２００４年頃からである。テーマは「需要創造ＭＤ」である。ベーシックゾーンマーケット（顕在需要の生活必需品）に加えて、スペシャリティゾーンマーケット（潜在需要の生活向上品）への挑戦である。つまりソリューション型ＤＧＳの誕生である。

もちろんお客は安売りは大好きだ。しかし低価格の安売り商品しかない店には不満があると考えたのである。

低価格の安売りが主語の商品は必然的に品質も低い。つまりお客には低価格の安売りが主語の商品には不満、悩み、要求がある。また既存の商品にもお客は不満と悩みと要求がある。今の生活そのものにも、お客は必ず不満と悩みと要求がある。

これらの不満と悩みと要求に、高品質商品と情報で解決策を提案するのがソリューション型ＤＧＳが行う需要創造ＭＤである。需要創造ＭＤではアップグレード商品とアップスタンダード商品の販売活力化がテーマになることはすでに述べた。

ＭＤの第６段階は２０１０年頃からである。テーマは「小カテゴリーＭＤ」である。カテゴリーを小分けにすることで、分かりやすく買物に失敗しない売場をつくる手法が小カテゴリーＭＤである。小カテゴリーＭＤによって、顧客満足度だけでなく、単価と粗利益高も向上する。

ちなみに小カテゴリーのつくり方は、①用途機能、②価格帯、③テイスト、④ブランドブロッキング、⑤年齢別、⑥性別等である（これらのＭＤ技術は後に詳解する）。

2 販売活力化とコストの関係

需要創造のために必要なコストを投入する

需要創造では「ハイコストオペレーション」という発想が必要になる。ローコスト経営では需要創造は実現できない。

例えば世の中の流れから生まれる需要創造として調剤がある。調剤併設店舗はハイコストオペレーションである。

店頭で行う需要創造では、商品開発、売場づくり、販売活力化、人材の育成等にコストが必要になる。需要創造MDはハイコストオペレーションである。

ローコスト経営は人口増加時代に向いている。つまり人口増加によって生活必需品マーケットが拡大している時代であれば「競合店よりも相対的にローコスト」であれば儲かった。「競合店よりも相対的にローコストで低価格」であれば勝てた。

問題はローコスト経営では需要創造は難しいことだ。需要創造のためには、正しいコストを正しいタイミングで投入し、そして正しいタイミングで投資回収する発想が必要になる。すなわち商品開発、売場づくり、販売活力化、組織の運営、店スタッフ一人ひとりの教育等に投資をしないと需要創造はできない。

過去20年間の安売り合戦で、ベーシックゾーンマーケット（生活必需品）の単価と粗利益は低下している。さらに人口減少時代はベーシックゾーンマーケットが縮小する。安売りしても売り個数は増えない時代になった。効率を追求しても売上と粗利は向上しない時代になった。

人口減少時代、効率優先では衰退する。コスト削減合戦では衰退する。需要創造MDに進化しなければならない。

ローコスト経営はお客と従業員に迷惑を強いている

人口増加時代、そしてモノ不足時代であれば、そこに大きな需要が存在したのだから効率経営こそが重要であった。

しかしすでに人口減少時代であり、モノ余り時代である。ローコストを追求する効率化一辺倒の経営では安売り合戦と人件費削減合戦という消耗戦しかなくなる。消耗戦に陥ったらお客と従業員に幸せはない。

従来のローコスト経営の特徴が以下である。

第1は、人件費の徹底削減である。パート比率の向上、店スタッフに対して継続的な教育をしない、一人当たり売場面積の拡大等々である。

第2は、オペレーションコストの徹底削減である。アイテムの絞り込み、プロモーションスペースの縮小、売場の固定化、本部集中管理と制御型マネジメント等々である。

第3は、仕入れコストの徹底削減である。条件が出るメーカーの優先、売れることが見込まれる商品、安売り商品、リベート品、テレビＣＭ商品、売れ筋商品等だけを優先する。また〝ＰＰ商品〟の優先である。

今のローコスト経営は、顧客満足よりも経営効率を優先しているだけではないのか。従業員満足よりも経営効率を優先しているだけではないのか。

需要創造とは「お客にとっての新しい豊かさ」を実現することである。つまり需要創造とは文化の創造である。文化の創造には手間とコストがかかる。それは当然のことだ。

文化を創造する業態はコストが高い

日本のＳＭは品揃えとオペレーションの特性上コストが高い。損益分岐点売上高が高いということであり、売上が１割低下したら赤字になる企業も多い。

しかしそのコストの高さは間違ったことではない。むしろハイコストオペレーションを選択したことはＳＭの勇気だ。日本のＳＭは「食文化をつくり、磨きあげてきたからコストが高い」と思っている。

ほんの50年ほど前まで群馬県や長野県といった海に面していない内陸部の生活者は「新鮮な初鰹」を食べることはできなかった。

こうした内陸部の生活者に、新鮮で美味しい初鰹を食べる食文化を伝達したのはＳＭである。今では群馬県や長野県でも新鮮な初鰹を食べられることが当たり前になっている。「ライフスタイルアソートメント型ＳＭのヤオコーのカレーパンは美味しい！」と思っている。ヤオコーのカレーパンの味を知ってしまったら、美味しいカレーパン以外は食べたくなくなる。

需要創造とは豊かさを知るお客を創ることである。需要創造とは新しい文化の創造である。人生は一度しかない。文化とは一度しかない人生を豊かに幸せに暮らすためのものである。鮮度が良く最高に美味しい初鰹を食べられること。最高に美味しいカレーパンを食べられること。それが文化の創造だ。

豊かさを知った客は、元には戻らない。初鰹の美味しさ、カレーパンの美味しさを知った客は元には戻れない。それが文化だ。

日本のＳＭは食文化の創造に取り組んできた

食文化をはじめ、ハウスキーピングニーズの生活向上、健康寿命の延伸、女性の美しさの追求等々といった文化をつくる小売業はコストが高くなる。

１９８０年代の後半、ＳＭの取材をした時期がある。

当時は「効率の観点から、センター加工をしなければならない」という意見が主流であった。センター加工であれば、コストも低く、高速出店できるという理屈である。

しかしセンター加工には弱点もある。消費地から遠いところで加工するので、どうしても品質が低下しやすい。刺身にしても、コロッケにしてもセンター加工だと味は落ちやすい。

センター加工と対極にあるのがインストア加工である。インストア加工とは生鮮4品を店内で加工（製造）する方法である。コストは高くなるが、店内で加工（製造）するので品質は良くなる。

つまりセンター加工とインストア加工では、当然、インストア加工の方が美味しくなる。刺身やコロッケ、カレーパン、総菜や弁当にしてもインストア加工の方が断然美味しい。お客として買物するならばインストア加工の店を選ぶ。

実際、地域で人気のあるＳＭはインストア加工を前面に押し出している。これはアメリカでも同じで、生鮮食品が強いＳＭはインストア加工の比率が高く、お客に対してもインストア加工であることをアピールしている。

インストア加工はコストが高い。加工のための専門職の育成も必要になる。企業の効率的な成長を考えたらセンター加工の方が良いのにだ。

それはビジネスの効率よりも、日本人の食文化の豊かさを選んだからだと思っている。来店して目の前にいるお客の食生活を豊かにすることを優先したからだと思っている。

日本のＳＭは以下の２つに分化している。

第１は効率的な企業成長を優先するＳＭだ。つまりセンター加工の比率が高くなる。第２はお客の豊かな食文化の創造を優先するＳＭであり、インストア加工の比率が高くなる。このどちらが正しいというのではない。これはその企業の思想で決まってくる。

ＤＧＳも同じである。効率的な企業成長を優先するディスカウント型ＤＧＳと、需要創造によってハウスキーピングニーズの豊かさを提供するソリューション型ＤＧＳの二極化である。どちらが正しいというのではない。この両者があるから重層的で選択肢のある商業構造が実現できる。

需要創造の高品質商品は利益貢献度が高い

ＤＧＳ業界ではディスカウント型ＤＧＳが全盛である。つまり業界全体で安売り合戦とコスト削減合戦にまい進している。

結果、仕入れ規模が小さく原価が高い地方の中小ＤＧＳ企業から衰退している。しかし人口減少時代は大手ＤＧＳであっても危険だと思っている。

人口減少時代に効率優先では衰退する。どこでも売っている売れ筋を安くするといった売場づくりでは衰退する。コストと手間をかけて需要創造に取り組む必要がある。

ＤＧＳはＨ＆ＢＣ売場だけでなく、一般食品売場、日配品売場、菓子売場、酒類売場、雑貨売場もカテゴリー単位で強化するための戦略と技術に取り組む必要がある。

競争はカテゴリー単位で発生する。カテゴリーで目的来店性を強化する必要がある。カテゴリー単位でコンビニエンス、ディスカウント、スペシャリティを強化する発想である。

需要創造の高品質商品の問題は、売るのが難しい点である。しかし「売るのが難しい」からこそ、差別化になる。潜在需要の高品質商品は顧客満足度が高く、お客がリピートする商品である。つまりお得意さまを創る商品だからだ。

また潜在需要の高品質商品は利益貢献度も高いといった長所もある。**図表４**は「需要曲線と利益曲線」である。

左側の縦軸は需要（マーケット）の大きさを表す。横軸は品質と価格を表している。左に行くほど品質も低いが、価格も低いことを表している。右に行くほど品質は高いが、価格も高いことを表している。

需要曲線でいうと、左側の品質と価格が低いゾーンと、右側の品質と価格が高いゾーンはマーケットサイズが小さい。真ん中のゾーン、つまり最大公約数的な価格で、最大公約数的な品質のゾーンはマーケットサイズが大きくなる（実線で表示）。

　基本的に左側のゾーンが〝ＰＰ商品〟であり、真ん中のゾーンが売れ筋のＮＢ商品であり、右側のゾーンが高品質商品となる。

　右側の縦軸は利益の大きさを表している。上に行くほど利益が大きく、下に行くほど利益は小さくなる。

　つまり左側ゾーンの〝ＰＰ商品〟は品質が低いのでリピート率が低い。したがって利益は低い。真ん中ゾーンのＮＢ商品は安売り合戦になりやすいので利益は低い。一方、右側ゾーンの高品質商品は高単価高粗利であり、さらにはリピート率も高いので利益が大きい

図表4◉需要曲線と利益曲線

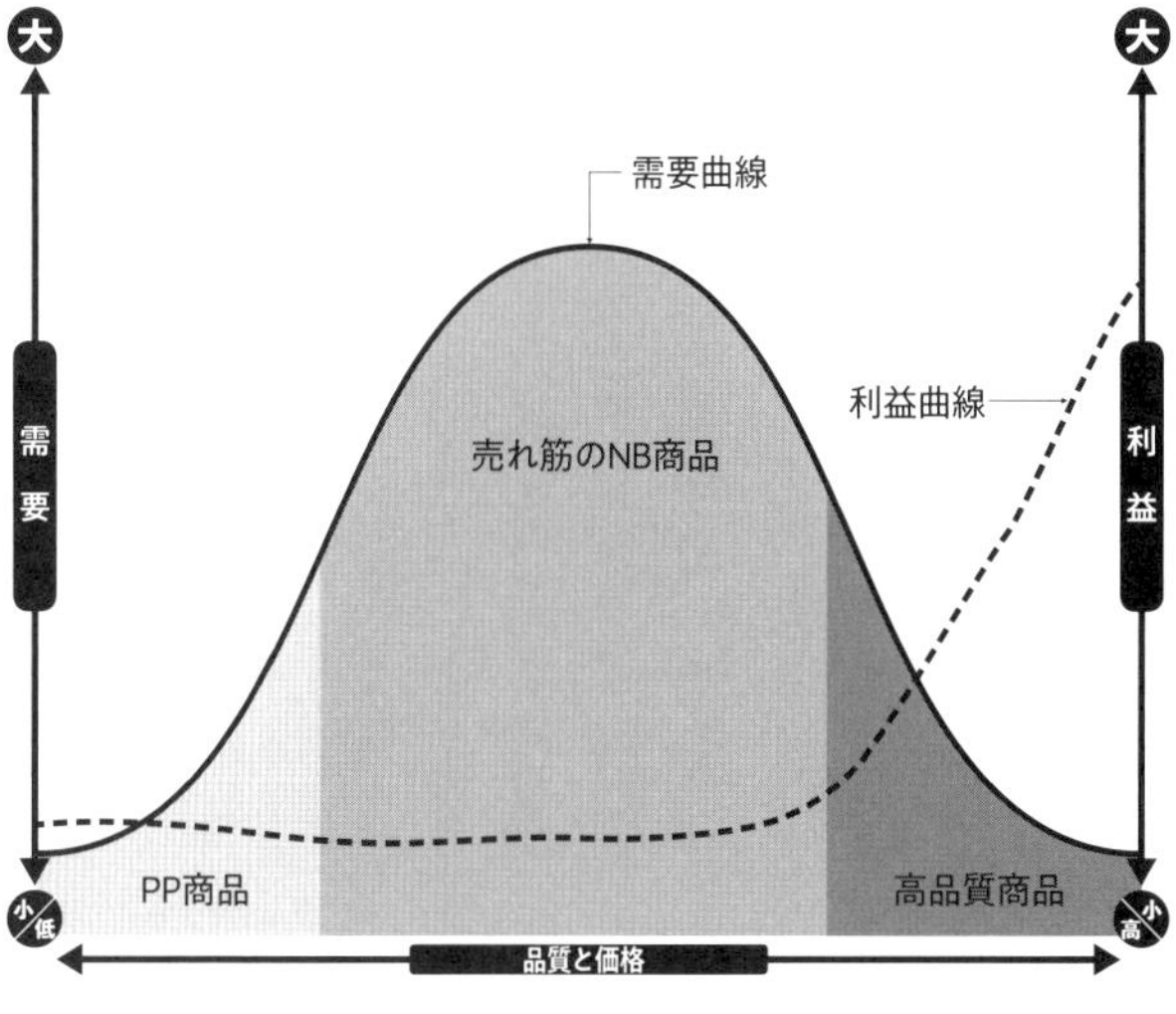

ことを表している（点線で表示）。

潜在需要の高品質商品は売るのが難しい。売れなければ売上と粗利と在庫回転とロスと経費率が著しく悪化する。しかし売れればお得意さまを創り、利益貢献度も高いのである。潜在需要の高品質商品であるアップグレード商品とアップスタンダード商品の販売活力化が必要な理由である。

第5章

自律型マネジメント&集団同調気質×自己主張気質

1 店スタッフの集団同調気質×自己主張気質を育てる

販売活力化で求められる店スタッフの気質

需要創造の売場づくり、すなわちファーストチョイス商品の販売活力化では店スタッフに以下の２つの気質が求められる。

第１が集団同調気質である。これは周りの流れに同調する気質であり、日本人には強いと言われている気質である。

集団同調気質は「決められたことを実行する」という気質であり、組織的行動の基本なので大事だ。例えば就業規則やレジ接客、補充作業マニュアル等には、集団同調気質が求められる。そして集団同調気質では「作業動作を徹底する訓練」が必要になる。

第２は自己主張気質である。自分のアイデアを実行する気質であり、自己主張気質には自己責任も付いてくる。

自己主張気質は「新しいことに挑戦する」という気質である。したがって売場改善や、需要創造の要であるファーストチョイス商品の販売活力化には欠かせない。そして自己主張気質には「知的好奇心を育てる教育」が必要である。

店頭で需要創造に取り組むソリューション型ＤＧＳでは、この2つのバランスをとることが急所になる。特に自己主張気質の尊重と育成が、従業員の満足度を高める。

問題は企業規模が大きくなると自己主張気質が失われやすいことだ。上長からすれば自己主張が多い部下はうるさいし、手間がかかる。集団同調気質の部下のほうが、何でも言う通りにするのでマネジメントが楽だからだ。ソリューション型ＤＧＳでは意識して店スタッフの自己主張気質を育てる必要がある。

ソリューション型ＤＧＳの店スタッフは、集団同調気質と自己主張気質の比率が5対5が理想である。店スタッフ一人ひとりが売場改善やファーストチョイス商品の販売活力化に取り組むので、自己主張気質は欠かせない。

一方、ディスカウント型ＤＧＳの店スタッフは、集団同調気質が10割で自己主張気質はゼロになる。ディスカウント型ＤＧＳは生活必需品の安売りが主語であり、本部指示の作業を忠実にこなすことが求められるので、店スタッフには集団同調気質だけが求められる。

ディスカウント型ＤＧＳの場合、店スタッフが創意工夫して売場改善や需要創造に取り組むという自己主張気質はむしろ排除する。

ソリューション型DGSは自律型マネジメント

ファーストチョイス商品の販売活力化では、店スタッフ一人ひとりのモチベーションとアドレナリンを高める仕組みが必要になる。

そのための急所が「仕事の自由度」を拡大することである。仕事の自由度が大きくなるほど仕事は面白くなり、やりがいが生まれ、誇りが持てるからだ。

ソリューション型DGSでは、店スタッフ一人ひとりが目標を持って、そして技術を習得して自由に売場改善とカウンセリングに取り組み、ファーストチョイス商品の販売活力化に取り組むマネジメント手法の確立が必要になる。

図表5がDGSのマネジメントの種類を表したものである。縦軸が店スタッフへの教育レベルを表している。上に行くほど教育レベルが高く、下に行くほど教育レベルが低くなることを意味している。ちなみに訓練と教育は別物である。作業動作を徹底するのが訓練であり、知的好奇心を育てるのが教育である。

横軸は店スタッフの仕事の自由度を表している。左に行くほど自由度がゼロに近くなり、右に行くほど自由度が大きくなることを表している。

今日、ＤＧＳでは２つのマネジメント手法によって店舗が運営されている。

第１が「制御型マネジメント」である。**図表5**の左下のゾーンである。店スタッフの自由度はゼロに近く、店スタッフに対して知的好奇心を育てる教育はしない。ディスカウント型ＤＧＳのマネジメント手法がこれである。本部が、全店と店スタッフをルールやマニュアルで制御するタイプのマネジメントである。情報収集と分析、そして方針立案は本部スタッフの役割であり、店は本部からの指示をルールとマニュアルの通りに作業するのが役割になる。制御型マネジメントでは、店は作業動作を徹底する訓練だけが行われる。また

図表5 ◉ DGSのマネジメントの種類

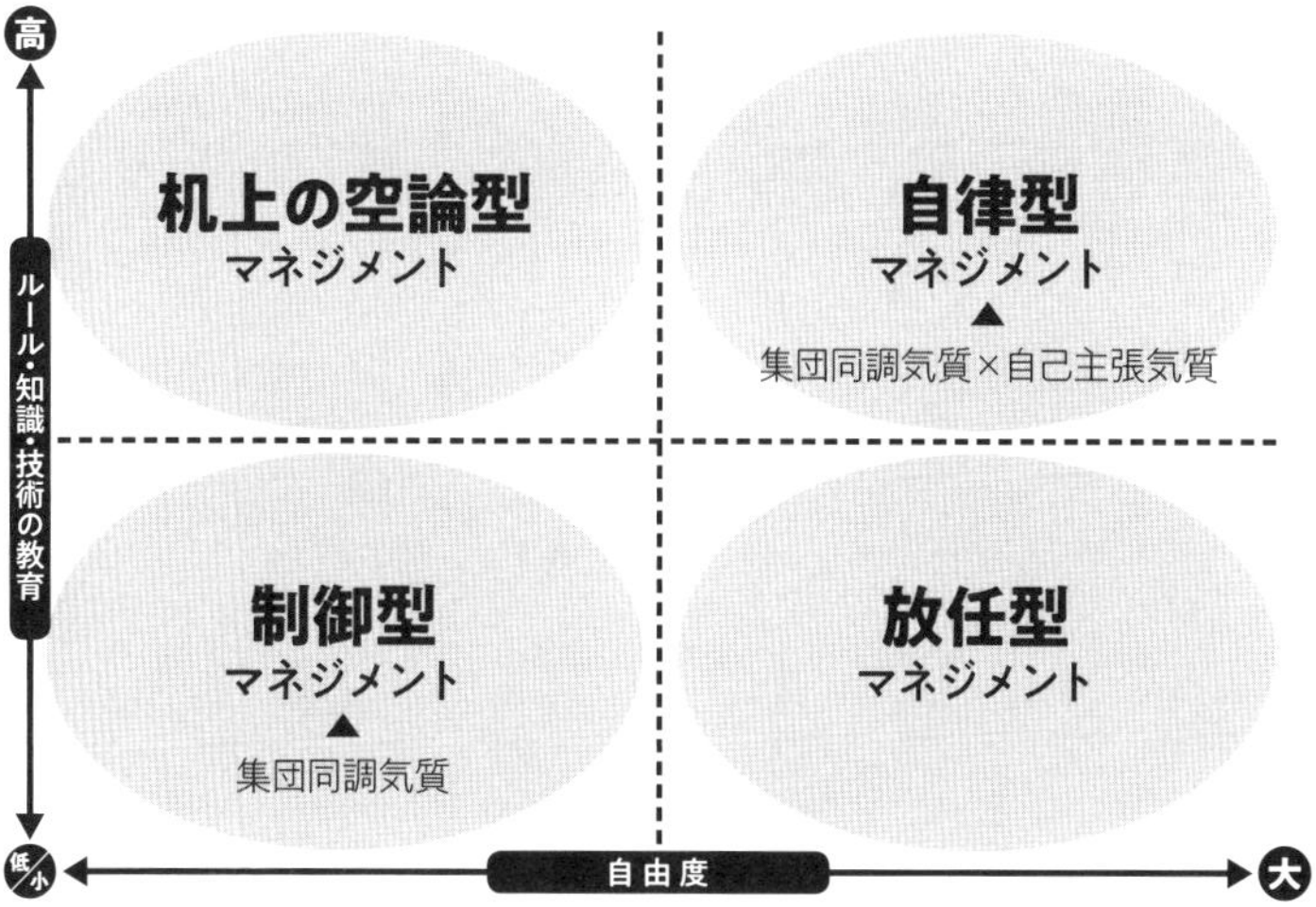

店スタッフには集団同調気質だけが求められる。

第2は「自律型マネジメント」である。**図表5**の右上のゾーンである。店スタッフが目標の下に、売場改善とカウンセリング改善に取り組み、ファーストチョイス商品の販売活力化に取り組むソリューション型ＤＧＳのマネジメント手法である。本部が決めることは全体の6割程度であり、残りの4割は店スタッフが自主的に創意工夫して積み上げるタイプのマネジメントである。本部バイヤーも人間なので間違いもある。何より全店が同じＭＤプランでは、商圏ごとのお客のニーズに応えられない。個店対応を重視するのが自律型マネジメントである。

バイヤーが作成したＭＤプランを店スタッフは実行する。その上で、店スタッフ一人ひとりが「売場の問題点を発見→問題解決のプランを作成→プランを実行」といったように、自発的日常的に売場改善に取り組む組織運営である。

需要創造のファーストチョイス商品は本部指示だけでは売れない。ファーストチョイス商品の販売活力化では、店スタッフ一人ひとりが知恵とアイデアを出し合い、売場づくりとカウンセリングを創意工夫する自律型マネジメントが前提になる。

自由に仕事をするためには店スタッフに対して、作業動作を徹底する訓練に加えて、知的好奇心を育てる教育が必要になる。

ちなみに**図表5**の右下が放任型マネジメント、左上が机上の空論型マネジメントであるが、これらはすでに淘汰されて存在しない。

企業の力とは、店数でも、売上でも、総資本営業利益率でもない。一人ひとりの従業員の「豊かな人間性」によって支えられている。誇り高い商人としての店スタッフが、定性目標を意識して顧客満足と生産性の向上に取り組む発想である。

ファーストチョイス商品はお客の生活コストを下げる

「高品質で高単価なファーストチョイス商品を売る！」というと「景気が悪い中で高単価はおかしい」という人がいる。しかし実のところファーストチョイス商品はお客の生活コストを下げる。

例えばヘルスケア部門のファーストチョイス商品である胃薬『恵命我神散』は、お客の弱った胃を健康にする商品なので、お客の医療に関するコストを削減する。また歯周病予防歯磨き『マスデント』や洗口液『モンダミン プレミアムケア』を常用することで、歯周病や虫歯のリスクが低減化するので、歯科医にかかるコストも下げられる。

ビューティケア部門のファーストチョイス商品の『クラシエ ココンシュペール』や『ロ

レアルパリ エクセランス』はサロン並みの仕上がりのヘアケア商品なので、お客の美容室にかかるコストを削減する。

雑貨部門のファーストチョイス商品は、便利で機能的な生活によって余分なコストを削減する。

食品売場のファーストチョイス商品は、レストラン並みに美味しい食品を提供することで外食費を削減する。酒類売場のファーストチョイス商品は、美味しいお酒の提供によって家飲みが増えるので外での飲み代を削減する。

ファーストチョイス商品のコンセプトは「お客を喜ばせ幸せにする商品」である。人生は一度しかない。その一度しかない人生をより良くより幸せにするのがファーストチョイス商品である。

またハウスキーピングニーズのファーストチョイス商品の約8割は「お客の健康寿命を延伸する商品」でもある。いつまでも生き生きと楽しい人生、老後を送れることからもファーストチョイス商品は〝コスパ〟が良い。

ファーストチョイス商品の販売活力化で大事なことが定性目標である。定性目標とは言葉の目標である。ちなみに定量目標は数字の目標である。特に定性目標は重要で、定性目標がないとファーストチョイス商品はひとつも売れない。

例えばヘルスケア部門の定性目標は「お客の健康寿命を延伸する」である。そのために、ヘルスケア売場担当者は高品質なヘルスケア商品の『恵命我神散』を提案するのである。『マスデント』や『モンダミンプレミアムケア』を提案するのである。

例えば食品売場の定性目標は「本当に美味しい食品を提供することで、お客の食卓での笑顔を増やす」である。そのために食品担当者は高品質で美味しい食品を提案するのである。

2 商人の3つの心構え

店スタッフは商人の3つの心構えを徹底する

「売れない」という話がある。しかし売れないのではない。売っていないのだ。

特にファーストチョイス商品は潜在需要の高品質商品なので、売るのが難しい。しかし売れないのではない。「商品の用途機能、品質特徴が伝わらないから売れない」のである。

トヨタ自動車の売り物がクルマであるように、小売業の売り物は売場である。ソリューション型ＤＧＳの場合、ファーストチョイス商品を中核とした売場とカウンセリングこそが「売り物」である。

ソリューション型ＤＧＳの店スタッフは本部からの指示を忠実にマニュアル通りにこなすロボットではない。職業人としてのプライドと技術を持った商人である。自ら創意工夫する喜びを知っている誇り高い商人である。こうした商人を育成するのが自律型マネジメントであり、集団同調気質×自己主張気質である。

そして需要創造に取り組むソリューション型ＤＧＳの店スタッフにとってもっとも大事なことは「商人の３つの心構え」である。店スタッフは以下の３つの心構えを持った「誇り高い商人」にならなければならない。

第１は「商品に興味を持つ」である。その商品が属するカテゴリー、用途機能、品質特徴、ブランド力等と、商品の市場動向を理解することだ。

第２は「お客に興味を持つ」である。来店した目の前にいるお客の生活と買物を理解すること。お客の悩み、不満、要求を理解すること。お客の個性とリクエストを理解することである。

第3は「生産性を考える」である。その商品の粗利益率、売り個数、粗利益高、交差比率（商品回転率×粗利益率）、スペース生産性等を考えることである。また生産性を上げるための売場づくり技術とカウンセリング技術を磨き上げることである。

つまり売場スタッフ一人ひとりが定性目標を意識して、商人の3つの心構えの下にファーストチョイス商品の販売活力化に取り組む発想である。

会社と従業員はパートナーである

ファーストチョイス商品は本部バイヤーの指示だけでは売れない。店スタッフ一人ひとりが定性目標を意識して、商人の3つの心構えの下に売場づくりとカウンセリングに取り組むことが必要になる。

深刻な人手不足の時代である。この時代、働き手から選ばれる職場をつくり、働き手が定着する職場をつくらなければ企業を存続できない。つまり従業員満足が企業存続に欠かせない時代になった。

従業員満足では、まず従業員が何を求めているかを先に考える。労働条件が良いことは当たり前である。パワハラとセクハラがないこと。サービス残業がなく、有給の取得率が高いことも当たり前である。

選ばれ、定着する企業づくりでは、仕事が面白い、仕事にやりがいがある、仕事に誇りが持てる職場づくりが必要である。それがすでに述べたように「自由度が高い仕事のための自律型マネジメント」である。

本部は知的労働、店は肉体労働だけという仕事は、店スタッフからすればつまらない。中央集権的なチェーンストア組織運営論（制御型マネジメント）では、店スタッフの仕事はつまらない。こうした知的労働者と肉体的労働者に分別する発想は店スタッフの人格を否定しているとさえ思っている。

消費の多様化と高度化、そして情報化が進んだ今日、本部スタッフだけが「売場づくりの正解」を知っているわけがない。店にいるスタッフのほうが詳しいことがよくある。

例えばアイメイクの流行は店スタッフの若手の女性が詳しい。美味しいお酒については、お酒好きの店スタッフのほうが詳しい。お客と正対している店スタッフの知恵とアイデアを活用するのが自律型マネジメントの特徴である。

商人の３つの心構えの下に、店スタッフ一人ひとりが顧客満足と生産性向上について徹底的に考える。そして店スタッフ一人ひとりが売場における問題を発見して、ＰＤＣＡ（Ｐｌａｎ→Ｄｏ→Ｃｈｅｃｋ→Ａｃｔｉｏｎ）サイクルを自ら立案し、実行する。店スタッフ一人ひとりを知的労働者として生かすのが自律型マネジメントの特徴である。

自律型マネジメントでは、会社と従業員はパートナーであり、服従の関係ではない。レジに入っているパートの役割は正確なレジ精算である。社長の役割は経営である。両者は会社における役割が異なるだけで、上下関係は存在しない。定性目標のために、経営トップから店スタッフ一人ひとりまでが、知恵とアイデアを出し合い、売場とカウンセリングをバージョンアップするのが自律型マネジメントの本質である。

3 MDをPDCA&pdcaサイクルで回す

PDCAと小さなpdcaサイクル

売場はつくった瞬間から陳腐化する。新店も開店した瞬間から陳腐化する。店スタッフが売場を日常的自発的に改善する仕組みが必要である。顧客満足と生産性をテーマに売場をバージョンアップさせ続ける仕組みである。

ＤＧＳはＭＤをＰＤＣＡサイクルで回すことで、ＭＤの精度を向上させている。

Ｐｌａｎは計画、Ｄｏは実行、Ｃｈｅｃｋは検証、Ａｃｔｉｏｎは改善のことである。ＰＤＣＡサイクルにおける役割分担を表したのが**図表6**である。

ＭＤのプランを担当するのが本部のバイヤーである。バイヤーが作成する主なＭＤプランはストアプラン、定番棚割り、販促プラン等である。

また本部のバイヤーはＭＤプランを作成する前に定性目標と定量目標を策定しなければならない。

図表6◉PDCAとpdca

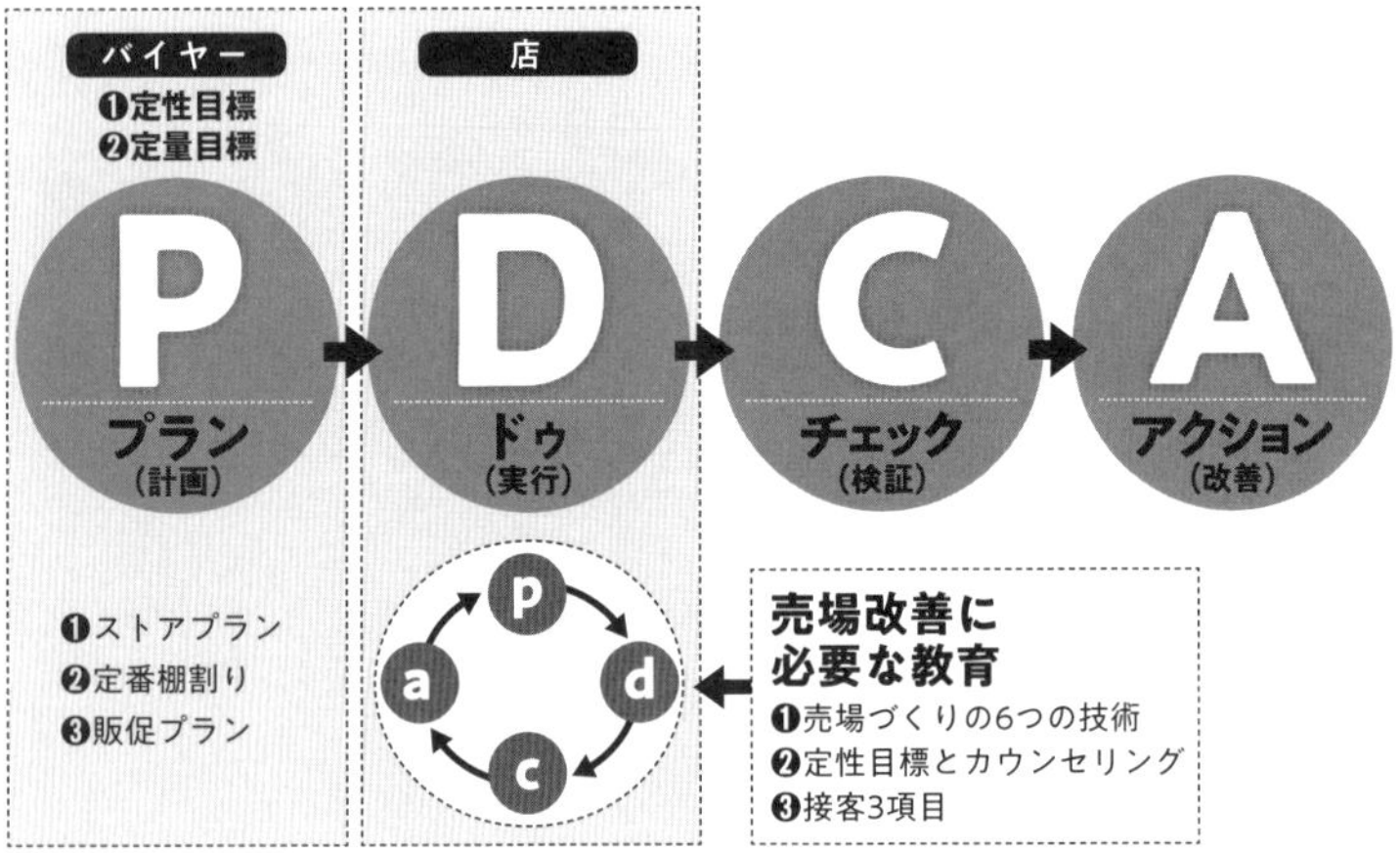

定性目標とは言葉の目標であり最も重要である。定性目標がないとファーストチョイス商品はひとつも売れないからだ。そして定性目標が「豊かさを知るお客＝お得意さま」を創る。

定量目標とは数字の目標である。定量目標がないと、ビジネスとして継続しない。つまり定量目標が業績をかたちづくる。

バイヤーが作成したプランを実行するのが店である。そしてディスカウント型ＤＧＳとソリューション型ＤＧＳでは実行の部分が決定的に異なる。

ディスカウント型ＤＧＳでは、本部バイヤーからきたプランをそのまま実行する。店サイドの判断で売場を修正することは許されない。

ちなみにあるディスカウント型ＤＧＳ企業の経営トップは「当社において店スタッフの理想はロボットだ」と言っている。つまりロボットのように本部指示を忠実に実行する店スタッフが理想という意味である。

一方、ソリューション型ＤＧＳでは、本部バイヤー作成のストアプラン、定番棚割り、販促プランを実行した上で、店サイドの判断で日常的に売場を改善する。

バイヤーも人間である。間違いもある。何よりバイヤーは一店一店のプランは作成できない。バイヤーが作成するプランは全店で導入できる平均的な内容であり、つまり完成度は低い。地域対応も個店対応もできていない。

ソリューション型ＤＧＳはバイヤー作成のプランの完成度は6割程度と考え、残りの4割を店サイドが売場改善によって積み上げる。つまり売場は完成した瞬間から陳腐化すると考え、店サイドの判断で日常的自発的に売場改善する。

店スタッフが売場の問題点を発見し、その問題を解決するプランを作成する。そのプランを店スタッフが実行する発想である。つまり実行の内側で「小さなｐｄｃａサイクル」を日常的自発的に回すのである。

店スタッフが小さなpdcaサイクルを回すためには

仕事は自由度が大きいほど面白くなるし、やりがいが生まれるし、誇りが持てる。店サイドの判断で自由に売場改善するのがソリューション型ＤＧＳの自律型マネジメントの特徴である。

店サイドに売場改善の権限を委譲するには、店スタッフ一人ひとりへの教育が必要になる。売場改善に必要な教育が、①売場づくりの6つの技術、②定性目標とディープなカウンセリング、③接客3項目である（これらは後に詳解する）。

バイヤーや上長が店に送る「売場指示書」も重要である。売場指示書の内容によって、店スタッフの売場改善のレベルが天と地ほども違ってくるからだ。

ソリューション型ＤＧＳにおける「売場指示書」の要点が以下である。

第１は、前半部分は指示書を読んだ店スタッフのモチベーションを高める内容にする。具体的には売場の成功事例、カウンセリングの成功事例、接客の成功事例、ファーストチョイス商品の売り個数を増やした店の紹介記事等である。また創意工夫した店スタッフや頑張った店スタッフの写真付きの紹介等である。

第２は、薬機法（旧薬事法）と消防法を厳守するといったことや、プライスカードは飾りで隠さない等の最低限の当たり前のルールは後半に書く。

第３は、売場づくりの創意工夫や成功事例や優秀な店スタッフを称える内容が前半の８割。絶対にやってはいけないことは最後の２割程度にする。

第４は、遅刻や無断欠勤等の就業規則に関する注意内容は、売場づくり指示書には書かない。人事部から別途伝達する。

第５は、指示書のフォローである。指示書だけでは店スタッフは理解できないからだ。必ずエリア責任者、店長、バイヤーが現場に行って、売場の前で説明する。指示書だけだと必ず売場は陳腐化、劣化する。

第６は、支配による管理から、自覚と自己統制による管理に進化させることである。

大事なことは、否定型のマネジメントは、店スタッフのモチベーションとアドレナリンを壊すことを知ることだ。

例えば「止めろ」「ダメだ」という指示では需要創造はできない。良いところを徹底的にほめて伸ばすことが重要である。また直すべきところは、具体的な代替案を上司が提示することである。

売場改善に必要な上長の3つの能力

店のスタッフ一人ひとりが自由に売場改善、カウンセリング改善をすることで需要を創造する。顧客満足と生産性を向上するのがソリューション型DGSの特徴である。

とはいえ店スタッフを放任するわけではない。エリア責任者や店長といった上長によるマネジメントも重要になる。売場改善に必要な上長の能力が以下の3つである。

第1は、上長のリーダーシップである。リーダーシップとは①具体性、②合理性、③人間性のことである。つまり指示や説明が具体的で分かりやすい。指示や説明が合理的で納得がいく。マナーとモラルがあり、人間的に信頼できるといったことである。

第2は、上長のコミュニケーション能力である。コミュニケーション能力とは上長と部下が言葉や態度によって「共鳴し合う能力」のことである。そしてコミュニケーション能力のためには前出のリーダーシップの３項目が必要になる。

第３は、上長自身の仕事のルール、知識、技術の習得とバージョンアップである。その上で部下に対して、最新の仕事のルール、最新の仕事の知識、最新の仕事の技術を分かりやすく伝えるのである。そしてそのためにはリーダーシップとコミュニケーション能力が必要になる。


一方、売場や店スタッフをダメにするマネジメントが以下である。

第１は、部下に対して頭ごなしに命令するだけのパワハラ型の上長である。

第２は、部下に対して「止めろ」「ダメだ」と命じるだけの上長である。

第３は、部下のモチベーションとアドレナリンを下げる上長である。

ソリューション型ＤＧＳでは、目標を設定して自発的に行動する店スタッフの育成が必要になる。店スタッフは、知る→理解する→実行するといった３ステップで育成する。知っていると理解しているは違う。理解していると実行するも違う。大事なことは、売場で実行できる店スタッフを育てることだ。

会社と従業員は服従の関係ではない。パートナーである。会社に関わる一人ひとりが人生のビジョンを持てる会社、やりがいのある会社をつくらなければならない。ちなみにビジョンとは達成可能な夢のことである。

思想性がない技術論は陳腐化する。思想性があるから技術も正しいタイミングで、正しい方向に進化する。

ＤＧＳは人で成り立っている。情熱があり、ベクトルを同じくする人が集まったパワーチームこそが奇跡を起こす。

一人ひとりを大事にしないビジネスに継続性はない。本部エリートと株主だけが幸せになるビジネスモデルなど本物ではない。店にいる豊かな人間性を持った一人ひとりこそが素晴らしいＤＧＳビジネスを創造する。

顧客満足と生産性の向上は少数のエリートだけではできない。目標に向けて前進する活力あるパワーチームをつくらなければならない。

そのためには特にエリア責任者と店長のリーダーシップが重要になる。店スタッフ一人ひとりが果たすべき役割を理解し、その上で一人ひとりが明確な定性目標と定量目標を持つ。そして一人ひとりが目標達成のためのルール、知識、技術を保持する必要がある。

指示待ち族ではなく「商人」を育成することも大事だ。実際に売場で商売をしているのは売場の一人ひとりである。つまり需要創造という奇跡を起こすのは売場の一人ひとりである。

売場の一人ひとりがやりがいを感じ、より良い職業人生を実現する会社づくりが問われている。業績は、その結果である。

売場のスタッフの人生を光り輝くものにする業態を創造しなければならない。誇り高い商人を育成する。誇り高い商人の舞台としての新業態開発である。

一人ひとりが成長する夢のような会社をつくろう

ベーシックゾーンマーケット（顕在需要の生活必需品）に加えて、スペシャリティゾーンマーケット（潜在需要の生活向上品）に挑戦するのがソリューション型DGSである。組織運営では、以下が重要になる。

第1は、組織のあり方を変えることである。トップダウンによる組織運営からの脱却である。自律型マネジメントへの進化である。

第2は、定量目標（予算）だけのパワハラ型組織運営からの脱却である。需要創造では定性目標（ビジョン）が重要になる。定性目標がなければファーストチョイス商品はひとつも売れないからだ。

第3は、組織的行動の押し付けではなく、一人ひとりの行動を自発的・能動的にすることである。そのためには組織の隅々まで定性目標を徹底し、共感を得ることが必要である。

第4は、組織を構成する一人ひとりが職業人生におけるビジョンを持つことである。

第5は、良いチームをつくることである。チームの構成員一人ひとりの力を伸ばすのが、良いチームである。また各人が日々成長することでチームも活力化する。

第6は、コミュニケーションの重視である。

第7は、挑戦への尊敬と、挑戦的失敗を許容することである。

第8は、組織内の風通しである。

第9は、徹底した情報公開である。

第10は、自律型マネジメントに適した人事制度、特に人事考課制度の確立である。

そして何より大事なのがリーダーの育成である。組織の活力をつくり出すのはリーダーである。部下が一人でもいれば、その人はリーダーである。

リーダーの役割は以下の3つである。

第1はチームの生産性を向上させることである。第2は目標に向けて組織的行動を行うパワーチームをつくることである。第3はチームのモチベーションを上げることである。リーダーは、作業とノルマの押し付けだけでは結果は出ないことを知らねばならない。

教育を顧客満足と生産性に転換する

顧客満足と生産性の向上に行き着かない教育など何の意味もない。需要創造では、店スタッフの売場づくり技術とカウンセリング技術を磨き上げることが必要である。そのための教育は以下の３ステップで行う。

第１ステップは「知る段階」である。トレーナー（指導者）が分かりやすく教えることで、トレーニー（受講者）が「知った」という段階である。

第２ステップは「理解する段階」である。トレーニーがトレーナーから聞いた内容を理解した段階である。

理解したかを確認するためには、トレーニーに「自らの言葉で話をさせる（アウトプットさせる）」ことが急所になる。トレーニーが教わったことを話せれば「理解した」と判断する。

第３ステップは「実行する段階」である。トレーニーが、教わったことを実際に売場で実行する段階である。

店スタッフへの教育では「知る→理解する→実行する」を意識する。つまりＯＪＴ、Ｏｆｆ－ＪＴ、自己啓発は、この３ステップを意識して行う。

どんな素晴らしい知識を得ても、実行して数字に転換しなければ意味がない。教育を生かすのが、店スタッフ一人ひとりのモチベーションとアドレナリンを上げる自律型マネジメントである。

仕事を面白くする、面白くない仕事も面白くする

売場改善やファーストチョイス商品の販売活力化では、日々の仕事が「面白い」ことも重要である。

面白いとモチベーションとアドレナリンが上がるし、集中力も高まる。仕事に対する姿勢も良くなるからだ。仕事を面白くするための仕組みが以下である。

第1は、一つひとつの作業について意味と目的を明確にして、目標を設定することである。つまり店スタッフに作業の必要性を理解させ、自分自身で考え、問題発見をして、創意工夫できるように教えることである。また店スタッフが自身の成長が実感できるように教えることである。

第2は、一つひとつの作業について、何に貢献するかを明確にすることである。その作業が組織やチームにどう貢献するかを教えるのである。またその作業が、お客や社会の役に立

つことを教えるのである。

第3は、店スタッフ一人ひとりが成長を実感できる組織運営を心がけることである。店スタッフが能力の伸長を実感できるような評価制度である。また成長に応じて職位や待遇を変えることも大事だ。

第4は、店スタッフ一人ひとりの誇りを尊重する組織運営である。社風、方針管理、人事制度等が急所になる。パワハラやセクハラは問題外である。

挑戦主義では「小さな成功」を評価する

失敗したことがないという人はダメだ。なぜならば失敗したことがないということは、挑戦したことがないことを意味するからだ。

失敗を恐れてはならない。成功の打率は8割あれば優秀だと考えねばならない。考え抜いた上での失敗は、組織全体で評価しなければならない。もちろんリスク対策は徹底する。しかし新しいことに取り組まなければ進化はない。

小さな成功を評価することも大事なことである。ささやかな成功かもしれない。しかしその小さな成功が大きな成功をもたらすのだ。

そうした好循環を生み出すマネジメントをしなければならない。好循環は従業員の自信とやる気を実現する。そして従業員の仕事への積極性を実現する。

第6章

カテゴリーの強化
〜MDの基礎知識

1

売れ筋を発見せよ、売れ筋をドカンと積め、死に筋を早期発見せよ

プロモーション売場をお客の生活変化に合わせて変える

お客の生活変化に対応して売場も変化させる。そのためのフリースペースがプロモーションスペースである。顧客満足の向上をテーマにした店づくりに進化しなければならない。合言葉は「売れ筋を発見せよ、売れ筋をドカンと積め、そして死に筋を早期発見せよ」だ。

「2・8の法則」というものがある。全品目の2割が全売上の8割を占めるという経験則である。つまりわずか2割の売れ筋が売上と粗利益高の大半を稼ぐという経験則である。ちなみに経験則とは経験から生まれた法則のことである。

そしてＤＧＳの場合、その2割の品目、すなわち売れ筋のほぼすべてがＮＢ商品なのだ。商品構成といった観点からすると、わが店も競合店も「同じ売れ筋」を扱っているわけで差別化しにくい。ＤＧＳには同質競争に陥りやすいといった宿命がある。

同質競争は商圏の縮小をもたらす。そして安売り合戦という消耗戦に突入していくことになる。すでに多くのエリアで、同質競争による商圏の縮小と、安売り合戦による利益率低下、そして新店の伸び悩みといった問題が起きている。

今、取り組まねばならないことは、同質競争から脱却し、意志的、戦略的に「異質づくり」に取り組むことである。

売場づくりにおける差別化の急所はプロモーションスペースである。もちろん定番棚割りが確定した上での、プロモーションスペースの活用である。

データ分析の高度化によって、売れ筋のいち早い発見やスペース生産性分析による効率的な定番棚割りはどこのＤＧＳでもできるようになっている。つまり定番では差別化できない。さらに定番は棚板と仕切り板によってガッチリと固定化されているので、お客の生活変化や買物変化に対応できない。

そこで活用するのが「フリースペース」のプロモーションスペースである。

お客の生活は年間３６５日刻々と変化している。季節、行事、天候、気温、流行等による生活変化、さらにはメーカーの新製品ラッシュがそれに拍車をかけるものになっている。

お客の生活が年間３６５日刻々と変化しているのであれば、それに対応して売場も変化しなければならない。そのためのフリースペースがプロモーションスペースである。

プロモーションスペースは、年間３６５日でその時々の売れ筋を「爆発点ＭＤ」で展開するのが役割である。爆発点ＭＤとは、店頭在庫をドカンと積むことで購買を爆発させる方法である。

またプロモーションスペースでは数多くの売れ筋が爆発点ＭＤで展開されているので、客数と視認性が高い。プロモーションのゴールデンゾーンでファーストチョイス商品を展開すると販売活力化になる。

なぜ、プロモーションスペースを縮小したのか

異質づくりの中核となるのがプロモーションスペースである。しかし高速出店している大手ＤＧＳの大半でプロモーションスペースが縮小し、プロモーションスペースが固定化（定番化）している。

どんなＤＧＳにしても創業期は繁盛店づくりに取り組んでいた。売ることに徹底してこだわってきた。

ＤＧＳの前身は零細な薬局・薬店なので資金的な余裕がなかった。つまり「支払い前に売り切る」ことが絶対条件であった。

売ることに、そして客数と買い上げ点数にこだわる店長は、何よりもプロモーションスペースを重視する。

プロモーションスペースは売れ筋のフェースと在庫を拡大するスペースであり、売れ筋商品の「爆発点ＭＤ」を行うスペースだから当然、坪効率が高い。

創業期において、ＤＧＳの店長は坪効率が高いプロモーションスペースを最重視して、売場づくりと在庫数量コントロールに取り組んできたのである。

在庫数量コントロールといってもそれほど複雑なことをやっていたわけではない。売り個数が多い商品、粗利益高が大きい商品、売り個数が伸びている商品の在庫とフェースを拡大する。逆に売り個数が少ない商品、売り個数の下落率が大きな商品のフェースと在庫を縮小する（あるいはカットする）といったことに、３６５日の売場管理の中できめ細かく取り組んできたのである。

問題は「プロモーションスペースの運営にはノウハウと手間がかかる」という点である。

プロモーションスペースは、店長と売場担当者が売場づくり技術と在庫数量コントロール技術を習得していないと残品の山になる。

プロモーションの売場づくりと在庫数量コントロールができる店長と売場担当者を育成するのは手間とコストがかかる。つまり年間数十店から１００店を出店する大手ＤＧＳは、店長と売場担当者を育成するよりも、プロモーションスペースを縮小して定番主義へと方向転換したのである。

顧客満足よりも管理しやすい店を優先してきた

プロモーションスペースは、年間365日、1日単位で、その時々の売れ筋をドカンと「爆発点MD」で展開するスペースである。問題は、管理のしやすさを優先してプロモーションスペースを縮小したら、コストは下がるがそれ以上に、売上も粗利益高も客数も買い上げ点数も下がる。顧客満足度も下がる。

DGSの創業期と今では店長の仕事の目的が大きく変わってきているのではないかと危惧している。

創業期の店長は「顧客満足度を高めて、売り個数と粗利益高を増やすための作業計画づくり」をしていた。ところが今は「効率の追求とコスト(人件費)削減のための作業計画づくり」に変わってしまった。

人口が増加して競争があまりない時代であれば、需要が大きくて供給が小さいのだから「効率追求とコスト削減」は効果的であった。

しかしすでに人口減少、大量出店時代である。この時代、大切なことは「競争力に欠ける店」を量産しないことだ。大量出店しても「店の標準点」を下げてはならない。お客が競合店を乗り越えて来店する魅力的な店づくりが重要である。

ＤＧＳはお客の購買代行業である。お客の生活をカバーして、お客の生活をより豊かに幸せにする商品を世界中から集荷して、魅力的な売場で提案するのが使命である。

そのためには第1にベーシックゾーンマーケット（顕在需要の生活必需品）での品揃えの強化と価格競争力強化が必要になる。生活必需品では歯を食いしばって競合店の安売りに対抗しなければならない。

第2はスペシャリティゾーンマーケット（潜在需要の生活向上品）への挑戦である。需要創造の生活向上品にはアップグレード商品とアップスタンダード商品があることはすでに述べた。これらの販売活力化には、年間365日、1日単位でその時々の売れ筋をドカンと山積みするプロモーションスペースの活用が欠かせない。客数と視認性が高いプロモーションスペースのゴールデンゾーンでファーストチョイス商品を提案する発想である。

店長と売場担当者の技術レベルが低いと、プロモーションスペースが残品の山となり業績を一気に悪化させる危険性もある。プロモーションスペースの維持管理運営で欠かせないのが第8章で詳述する「売場づくりの6つの技術」である。

2 ブックストア方式とは何か

客数と買い上げ点数アップを実現する「売れ筋の法則」

ソリューション型ＤＧＳの売場づくり技術の中核になるのが「ブックストア方式」である。ブックストア方式は競争の中で売上高と粗利益高を向上させる。

「２・８の法則」という経験則がＤＧＳにあることはすでに説明した。われわれは「売れ筋の法則」とも呼んでいる。売上問題も粗利益高問題も作業効率問題も、売れ筋をどう扱うかで決まってくる。

２割の商品で全売上の８割を占めるのであれば、在庫管理やフェース管理の理論上でいうならば、この２割の商品が全在庫の８割を占め、全フェースの８割を占めることになる。つまり売れ筋をドカンと積むということである。難しさもある。それは売れ筋が年間を通して同じではないことである。年間３６５日、１

日単位で、２割の売れ筋は刻々と変わっている。季節、時期、行事、天候、気温、流行、それにメーカーの新製品ラッシュ等によって売れ筋の中身が日々変わっている。

例えば使い捨てカイロは冬は売れ筋だが、夏は死に筋だ。殺虫剤は夏は売れ筋だが、冬は死に筋だ。メイクの新色なども、テレビＣＭ期間中は売れるが、ＣＭが終わった瞬間から売れなくなる。特に日本の場合は商品のライフサイクルが短いことから、昨年１０００個売れた商品が、今年は１００個しか売れないといったことが日常的である。

「２・８の法則」とは年間３６５日、１日単位で、その時々の売れ筋をジャストインタイムでドカンと積む売場づくりである。そしてそれを行うのがフリースペースのプロモーションスペースの役割である。

プロモーションスペースは特売品やＰＢ商品（ＰＰ商品）の山積みスペースではない。年間３６５日、１日単位で、その時々の売れ筋を爆発的、飽和的にドカンと積むのが本質的な機能である。

「２・８の法則」の急所は、売れ筋の数を増やすことだ。売れ筋が10個しかない店よりも30個ある店のほうが「客数と買い上げ点数」が向上する。つまり売れ筋の法則は客数と買い上げ点数の増加を実現するのである。

お得意さまを創造する「死に筋の法則」

売上問題も粗利益高問題も作業効率問題も、売れ筋の優先こそが決め手になる。業績の改善では売れ筋優先が急所になる。

とはいえソリューション型ＤＧＳでは専門性も重要なテーマになる。それが「３・７の法則」である。これをわれわれは「死に筋の法則」と呼んでいる。

「３・７の法則」とは、３割のお客で全売上の７割を占めるという経験則である。つまり一部のお客が大半の売上をつくっているというわけで、この３割のお客のことをお得意さまという。そしてこの３割のお客は店から近いところに住んでいるという特徴がある。

前段で「売れ筋が売上も粗利益高も作業効率も決定する」と述べた。ちなみに売れ筋とは「わが店が儲かる商品」である。一方、死に筋は「売場効率が悪いのでカットしたい商品」である。

問題は、売れ筋、死に筋といった分類である。この分類はあくまでも経営の都合でしかなく、お客からすれば全く意味がない。つまりたとえ経営効率が悪い死に筋であっても、お客の生活に必要な商品はしっかりと扱うからお得意さまが生まれるといった発想である。

「３・７の法則」は、定番売場で幅広いカテゴリー構成、綿密な品種構成、品種ごとの用途機能の高密度化（用途機能を多く取り揃えること）によって追求する。

「3・7の法則」は死に筋の法則ではあるが、とはいえ意味がない品目数の拡大は経営効率の足を引っ張るだけである。したがって死に筋の法則では、用途機能表と用途機能別スペース生産性分析から「用途機能を高密度化しながら、品目を絞り込む」ことが急所になる。

ブックストア方式による売場づくり

売れ筋の法則と死に筋の法則を両立する最強の売場がブックストア方式である（**図表7**）。これは定番列とプロモーション列を交互に配置するもので、定番列では「3・7の法則」（死に筋の法則）を、プロモーション列では「2・8の法則」（売れ筋の法則）を追求するというものである。

ブックストア方式のメリットは以下である。

第1は、プロモーションスペースが格段に広大になることだ。プロモーションスペースが広大ということは「売れ筋を競合店よりも数多く展開できる」ことを意味する。数多くの売れ筋を爆発的、飽和的に積むことで客数と買い上げ点数が向上する。売れ筋の数を増やすことで売上と粗利益高も向上する。

第2は、新製品のいち早い展開が可能になることだ。わが国は商品のライフサイクルが短い。つまり新製品であっても「売れ筋である期間が短い」ということであり、それだけにヒットした新製品はいち早く売場で展開する必要がある。フリーのプロモーションスペースがあれば、話題の新製品をインパクトのある「爆発点ＭＤ」でいち早く展開できる。

第3は、プロモーションスペースでインパクトのあるテーマ訴求がしやすいことだ。プロモーションスペースが広大なので、さまざまなテーマのプロモーションを組み合わせて魅力ある展開が可能になる。

例えば基礎化粧品のプロモーションであれば、①保湿、②部分ケア、③アンチエイジング、④美白、⑤敏感肌といったテーマ別の展

図表7◉売れ筋の法則と死筋の法則を両立する最強の売場「ブックストア方式」

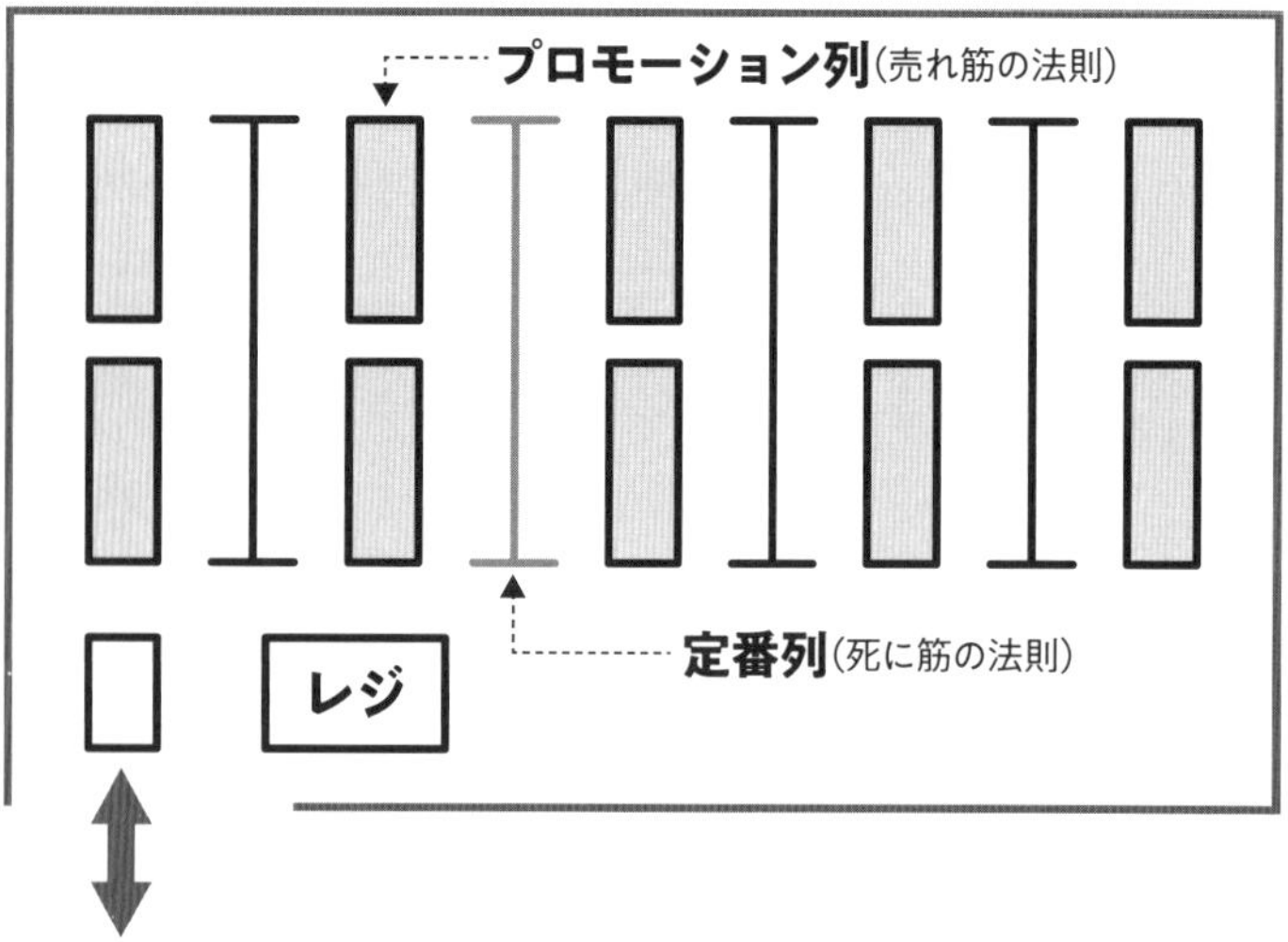

開によって、化粧品売場に立ち寄ったお客に「美容部員がお声かけしやすい売場」になる。

第4は、プロモーションスペースで売れ筋を爆発的、飽和的で積むことで、補充頻度が減り、作業コストが下がる。

第5は、プロモーションスペースでその時々の売れ筋を展開することで、お客の買い忘れが減って買い上げ点数が向上する。

第6は、プロモーションスペースが広いので、パーソナルユースのカテゴリーを展開しやすくなる。シャンプーや菓子、カウンセリング化粧品のようなパーソナルユースで売れ筋の数が多いカテゴリーは、スペースが広くないと展開できない。

第7は、プロモーションと定番を向かい合わせることで、定番の売上構成比が向上して粗利益率が改善する。

第8は、ショートタイムショッピングである。お客は店内のプロモーションスペースをざっくりと見て歩くだけで、欲しい商品の約8割を手に入れることができる。

第9は、競合店との差別化である。プロモーションスペースが広大なブックストア方式は、競合店よりも売れ筋カテゴリーや売れ筋品目をインパクトのあるかたちで展開できる。

第10は、ファーストチョイス商品の販売活力化がしやすくなることだ。プロモーションスペースは客数と視認性が高い。プロモーションスペースのゴールデンゾーンでファーストチョイス商品を訴求する発想である。

なぜ「ブックストア方式」と呼ぶのか

書店の什器は本棚と平台が合体したかたちである。書店に行くと、大抵の場合、まずは平台に積まれている本や雑誌を見るはずだ。雑誌、単行本、文庫本等、それぞれの平台に積まれている本や雑誌をざっくりと見て歩くだけで、欲しいものの8割は手に入れることができる。それから、例えば司馬遼太郎が好きであれば、司馬遼太郎コーナーの本棚にいって買いたい本を探すことになる。

もしも本棚だけで平台がない書店だったらどうか。まず買物しにくいし、買い上げ点数も減る。間違いなく、平台がある書店のほうが客数と買い上げ点数は高くなる。なぜならば、平台に積んである本や雑誌は売れ筋（ベストセラー、ロングセラー、書評に取り上げられた話題本、書店員のお薦め）だからだ。

つまりＤＧＳでは、書店でいう平台がプロモーションスペースに相当し、本棚に相当するのが定番である。こうしたことから、定番列とプロモーション列を交互に展開する売場づくりをわれわれはブックストア方式と呼ぶ。

プロモーションスペースが広いブックストア方式には弱点もある。それは店長と売場担当者に売場づくりと在庫数量コントロールの技術がないと、プロモーションスペースが残品の山になってしまうことだ。ブックストア方式では「売場づくりの6つの技術」を磨き上げることが前提になる。

3 カテゴリーMDと3つの目的来店性

カテゴリーを強化して商圏人口を増大する

競争はカテゴリー単位で発生する。カテゴリーの強化によって、お客が競合店を乗り越えて来店する店をつくらなければならない。

DGSのMDの最大の革新が、グルーピングで売場を運営する手法である。1990年代初頭、３００坪型ＤＧＳを開発する時に生まれた概念である。

お客にとってもっとも分かりやすくてインパクトがあるグルーピング単位で売場を運営する発想である。

われわれはこのグルーピングのことをカテゴリーと呼んでいる。つまりカテゴリー単位で売場を運営することから「カテゴリーＭＤ」という。ちなみにカテゴリーのつくり方は、①生活局面、②買物局面、③ライフスタイル、④生産体系等がある（後に詳解する）。

風邪薬カテゴリーの競合店はＤＧＳである。冷凍食品カテゴリーの競合店はＳＭである。乾電池カテゴリーの競合店は家電量販店やＨＣである。

商圏人口もカテゴリー単位で決まる。カテゴリーに魅力があれば、商圏人口は増大するし、魅力がなければ商圏人口は縮小する。

例えば日配品カテゴリーに魅力があれば、日配品カテゴリーの商圏人口は増大する。例えばカウンセリング化粧品カテゴリーに魅力がなければ、カウンセリング化粧品カテゴリーの商圏人口は減少する。

実のところカテゴリー商圏人口は意外に少ない。ＩＤ付ＰＯＳデータ分析で調べると、商圏人口が少ないカテゴリーはたくさんある。つまり機会損失である。カテゴリー一つひとつを強化して、カテゴリーごとの商圏人口を増大する必要がある。

「競争が激しいので、業績が下がった」という店がある。大抵の場合、コモディティ商品の安売り合戦だけしかしていない。カテゴリー単位での商圏人口を増大することに取り組んでいない。

カテゴリー単位で目的来店性を強化して、カテゴリー商圏人口を増大するのがカテゴリーＭＤの目的である。

コンビニエンスとディスカウントに取り組む

カテゴリーの目的来店性は、①コンビニエンス、②ディスカウント、③スペシャリティの３つである。この３つの強化によってカテゴリーごとに商圏人口の増大に取り組む。

カテゴリー強化の手順では、まずコンビニエンスの実現から取り組む。

ＤＧＳのターゲットマーケットはハウスキーピングニーズである。ハウスキーピングニーズの買物はショートタイムショッピングが前提になるので、お客が必要な商品が揃っていること、お客が買いたい商品が発見しやすいこと、そして「ついで買い」の便利さといったコンビニエンスの実現が前提になる。

コンビニエンスの次に取り組むのがディスカウントである。安さのアピールによってカテゴリーの目的来店性を実現する発想である。

ＤＧＳの基本とするターゲットマーケットはベーシックゾーンマーケット（顕在需要の生活必需品）なので、安売りは欠かせない。

ベーシックゾーンマーケットにおける安売りでは、データ分析による売れ筋のいち早い発見とコストダウンが重要になる。

問題は、ベーシックゾーンマーケットは過去20年間の安売り合戦によって単価と粗利益高が下がっていることだ。だから中小ＤＧＳから体力が低下して疲弊している。加えて人口減少時代ではベーシックゾーンマーケットは縮小する。

従来、ＤＧＳはベーシックゾーンマーケットにおける安売りで伸長してきた。しかしこれからはこの成功法則が通用しない。

２０１０年を境に人口減少時代に突入した。これからはベーシックゾーンマーケットに加えて、スペシャリティゾーンマーケット（潜在需要の生活向上品）に挑戦しなければならない。すなわち需要創造ＭＤの確立である。

今まで、ベーシックゾーンマーケットをターゲットマーケットとするディスカウント型ＤＧＳが全盛であった。しかし人口減少時代では、ディスカウント型ＤＧＳは日本に１社しか残らないと思っている。

「スペシャリティ」に取り組む

コンビニエンスとディスカウントの次に取り組むのがスペシャリティである。

スペシャリティゾーンマーケットへの挑戦である。具体的にはお客の生活をより豊かに幸せにするアップグレード商品とアップスタンダード商品の提案である。

例えば１２８０円の低価格美白美容液を使っていたお客に、アップグレード商品の８０００円の『オバジC20セラム』を提案する。この高品質の豊かさを知ったお客は低価格美白美容液には戻らない。例えば『ロレアルパリ エクセランス』の良さを知ったお客は低価格ヘアカラーには戻らない。美味しいワインを知ったお客は、安かろう酔えればよかろうといった低品質ワインには戻らない。スマートフォンの豊かさを知ったお客はガラケーには戻らない。

「スペシャリティ」に取り組む目的は「豊かさを知るお客を創る」ことである。人生は一度しかない。その一度だけの人生を低価格の廉価商品しか知らないで終わらせるのは悲しい。

スペシャリティの目的、つまり需要創造とは「新しい豊かさ」をお客に提案することだ。

消費の高度化・多様化、情報化社会の進展からも、コンビニエンスとディスカウントに加えて、スペシャリティへの挑戦は必要である。

4 カテゴリー商圏人口を増大する2つの商売手法

「単発商売」と「継続性と広がり」

商圏人口はカテゴリーごとに決まる。実はカテゴリーの商圏人口は意外に少ない。カテゴリーごとに、未購買客、浮遊客、お得意さまを把握して、お客１人のシェアを向上する必要がある。

商売には「単発商売」と「継続性と広がり」の２つの方法がある。

「単発商売」とはチラシ特売、ポイント販促、イベント、コモディティ商品の特売等の、店とお客の関係が「単発で終わる」ものである。例えばチラシ特売やポイント販促にしても、その期間が終わればお客は来なくなる。つまり店とお客の関係が単発で終わる。

単発商売の目的は新規客を創ることである。どんなお得意さまも年間1～2割は来店しなくなる。例えば転勤して引っ越してしまって来なくなるとか、亡くなってしまったケースなどがある。

つまり、部門ごとに定期的に単発商売によって新規客を創る発想である。しかし、単発商売だけで終わってしまったら意味がない。バーゲンハンターしか店に来ないわけで、小売ビジネスとして将来性はない。

一方の「継続性と広がり」とは、単発商売によって来店したお客を、継続的に来店させて、買物を〝広げる〟ことを意味する。つまり店とお客の関係が継続し、かつ接点が広がるわけである。

「継続性と広がり」の急所になるのがファーストチョイス商品である。ファーストチョイス商品とは、お客を喜ばせ幸せにするリピート率が高い高品質商品である。つまり単発商売によって来店した新規客にファーストチョイス商品を提案することで、「継続性と広がり」を実現する発想である。

例えばファーストチョイス商品の『ジュレリッチ』のクリーム（7500円）を買ったお客は、肌の状態が改善するので、繰り返し買うようになる。つまり店とお客の関係が継続するのである。

また『ジュレリッチ』のクリームで肌状態が改善したお客は、安いファンデーションは使いたくなくなる。仕上がりが一番良くなる高品質高価格なファンデーションを買う。つまり買物の広がりである。

さらに『ジュレリッチ』のクリームと高品質ファンデーションを使ってセクシーに華やかになったお客は、安いシャンプーや安いヘアカラーは使いたくなくなる。髪の毛のハリ・コシ・艶と〝天使の輪〟をつくるシャンプー、『ココンシュペール』を買う。サロン並みの仕上がりのヘアカラー『ロレアルパリ エクセランス』を買う。つまり買物が広がるのである。

ファーストチョイス商品は効果効能を実感できて買物が完結

2つの商売の方法では「買物の完結」という考え方も重要になる。

単発商売の「コモディティ商品の特売」は、いつ買物が完結するのか。継続性と広がりの「ファーストチョイス商品」はいつ買物が完結するのか。

コモディティ商品の特売は、お客がレジでお金を払った段階で買物が完結する。例えば定番価格が１００円のミネラルウオーターを特売価格50円で売るとする。

お客は50円という安さが魅力で買うので、レジで50円を払った段階で「50円も得した！」と、そこで買物が完結する。

一方、ファーストチョイス商品の買物は、レジでお金を払った段階では買物は完結しない。例えば『ジュレリッチ』のクリームの代金７５００円をレジで払った段階では、お客からすればまだ買物は終わっていない。なぜならば７５００円という価格が魅力で買う商品ではないからだ。

『ジュレリッチ』のクリームの場合、レジ精算の後、家に持って帰って、風呂上がりに美容部員から教えてもらったフェイスマッサージをしてクリームを使う。

その結果、数日してから「肌にハリが出た！」「化粧ノリが良くなった！」と、効果効能を実感する。つまりファーストチョイス商品の場合、効果効能を実感して買物が完結するのである。

したがって美容部員は「お客を美しくセクシーに華やかにする」という定性目標を持ち、そのために『ジュレリッチ』のクリームの最大の効果効能を実感できる使い方を教える。つまり売場担当者が定性目標を持っているから「継続性と広がり」が実現できるのだ。

カテゴリー商圏人口＝カテゴリーの集客力

競争はカテゴリー単位で発生する。したがってカテゴリーごとに商圏人口を増大する必要がある。

商圏人口とは「カテゴリーの集客力」である。そのカテゴリーがお客を遠くから呼び寄せる魅力であり、そのカテゴリーが来店頻度を向上する魅力である。つまりそのカテゴリーが、ほかの小売業やサービス業からお客を奪い、来店頻度を向上する総合力のことである。

カテゴリーごとの商圏人口は意外に少ない。競合の店やサービス業のほうが魅力があればわが店のカテゴリー商圏人口は減る。わが店のカテゴリーの魅力をお客が理解しなければ、わが店のカテゴリー商圏人口は減る。わが店にお客が欲しい商品がなければ、わが店のカテゴリー商圏人口は減る。

わが店のカテゴリーで買物をしたことがないお客は意外に多い。つまりお客は、ほかの小売業やサービス業に流出しているのだ。

カテゴリーの商圏人口の増大では以下の３つが急所になる。

第１は、カテゴリー商圏人口の把握である。基本的にはＩＤ付ＰＯＳデータ分析で、カテゴリー商圏人口の多い少ないは把握できる。

第2は、カテゴリーごとの競合相手の明確化である。競争はカテゴリー単位で発生する。カテゴリーにおいて競合する小売業とサービス業（医療機関含む）を把握する。

第3は、わが店のカテゴリーの競争力の把握である。コンビニエンス、ディスカウント、スペシャリティといった観点で把握する。

急所はカテゴリーのお得意さま（固定客）の来店頻度を向上させることだ。そしてカテゴリーのお得意さまを増やす。わが店のカテゴリーを利用したことがないお客に来店してもらうことである。

未購買客➡浮遊客➡お得意さまのステップ

カテゴリーのお客は以下の3タイプに整理する。

第1は「未購買客」である。わが店のカテゴリーを利用しない客である。未購買客はほかの店やサービス業に流出しているお客である。

未購買客になる理由としては、わが店に欲しい商品がない、わが店が生活と買物をカバーしていない、店から遠くに住んでいる、わが店を知らない、ほかにもっと良い店があり、そちらで固定的に買物している等である。

第2は「浮遊客」である。その時々の条件で、いろいろな店を使い分けるお客である。特にコモディティ商品の場合、その時々の条件でお客はいろいろな店を使い分ける。浮遊客はほかの店に流出しているお客である。

第3が「お得意さま（固定客）」である。わが店の定性目標に共鳴して、わが店のカテゴリーでしか買物しないお客である。特に高品質な高単価商品の場合、お客は特定の店にこだわる傾向がある。

カテゴリー商圏人口の増大では、第1ステップが未購買客を浮遊客に変えることである。第2ステップが浮遊客をお得意さまに変えることである。第3ステップがお得意さまの来店頻度を上げることである（**図表8**）。

未購買客を浮遊客に変えるには単発商売（チラシ特売、ポイント販促、コモディティ商品の特売）が必要になる。

浮遊客をお得意さまに変えるにはファーストチョイス商品の販売活力化による「継続性と広がり」の創出が必要になる。

お得意さまの来店頻度を向上するためには、そのお客一人ひとりに対応した商品提案と情報提供が必要になる。

未購買客→浮遊客→お得意さまのステップでカテゴリーごとのお客を育成する発想である。

そのためには目の前のお客を、より喜ばせ幸せにする具体的な提案をする「想像力＝定性目標」が欠かせない。

どんなお客も必ずわが店に物足りなさを感じている。定性目標の下に、お客一人ひとりにカスタマイズした商品と情報の提供によって「お客を創る」ことが、カテゴリー商圏人口の増大の急所である。

図表8◉カテゴリー商圏人口の増大

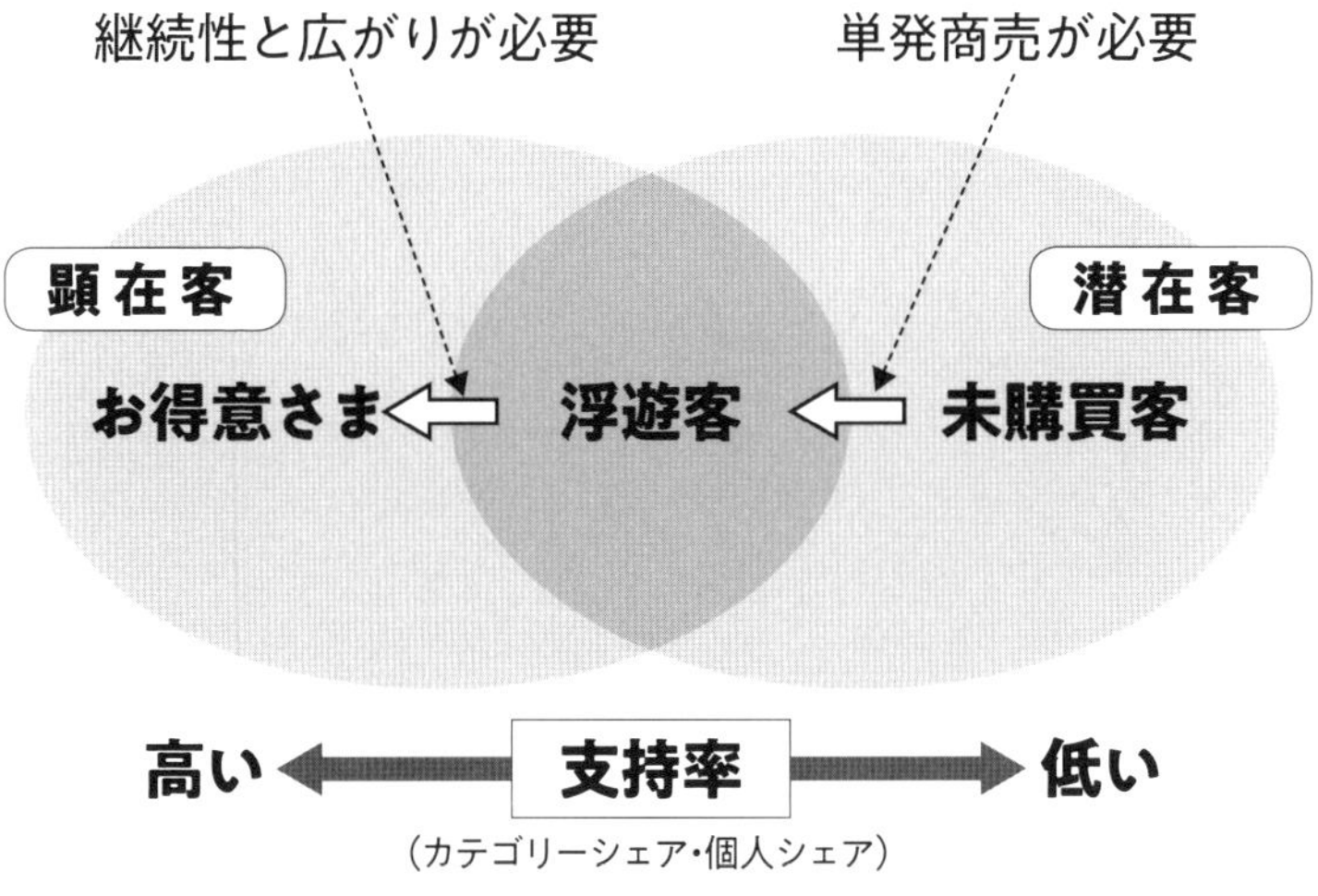

第7章

MDプランの作成

1 カテゴリーづくり、小カテゴリーづくり

お客の3つの買物習慣を理解する

カテゴリー単位、小カテゴリー単位で売場をつくることで、顧客満足と生産性を向上するのがカテゴリーMDである。目的はカテゴリー単位で競合する小売業やサービス業からお客、売上、利益を奪うことである。

DGSは、人口の減少、お客の可処分所得の減少、深刻な人手不足、アマゾンをはじめとしたネット販売の急伸、そして競争の激化といった五重苦の時代に対応した「新しいDGS」に進化しなければならない。

お客の悩み、不満、要求に解決策を提案する店。お客一人ひとりにカスタマイズした商品と情報を提供する店。お客の五感に訴える体験型の店。それがソリューション型DGSである。

ソリューション型ＤＧＳの開発では生活カバー領域の拡大と高密度化が必要になる。ハウスキーピングニーズのワンストップショッピングの追求である。

お客の生活と買物から、カテゴリー構成と品揃えを決定。ベーシックゾーンマーケット（顕在需要の生活必需品）に加えて、スペシャリティゾーンマーケット（潜在需要の生活向上品）への果敢なる挑戦である。スペシャリティゾーンマーケットへの挑戦では、お客を喜ばせ幸せにするファーストチョイス商品の開発と育成が必要になる。

売場づくりでは「お客の３つの買物習慣」を理解することが前提になる。

お客は過去において何度も買物に失敗している。例えば、似合うと思って買った洋服が意外に似合わなくて着なくなるとか、美味しいと思って買った食品が美味しくなくてがっかりしたとかである。

お客は過去に何度も買物に失敗しているので、３つの買物習慣がある。

お客の買物習慣の１つ目は「迷ったら買わない」である。例えば毎シーズン、最高品質のメイクの新製品が発売される。しかしお客の化粧ポーチには口紅もファンデーションもまだ残っている。今日買う必要はないわけで、迷ったら買わないのである。しかし季節や流行に合った新色メイクを買わないということは、実は買物に失敗している。

２つ目は「迷ったら一番安い商品を買ってしまう」である。例えば皮脂欠乏症の人が一番価格が安いハンドクリームを買ってしまうことは買物に失敗している。

３つ目は「迷ったら一番有名なブランドを買ってしまう」である。例えばＨ＆ＢＣなどでは、一番有名なブランドが自分に合っているとは限らない。一番有名な商品を買ってしまうことは買物に失敗している。

買物に失敗する店にはお客は来なくなる。リピート率の向上では、お客が買物に失敗しない店をつくらなければならない。

そのためには、お客の３つの買物習慣を理解した上で、買いやすい売場、買物に迷わない売場をつくらなければならない。それがカテゴリーＭＤと小カテゴリーＭＤであり、ファーストチョイス商品の提案である。

カテゴリー、小カテゴリーを確定する

カテゴリーＭＤでは、カテゴリーを確定することが最初の一歩になる。カテゴリーとはお客にとって最も分かりやすくてインパクトがあるグルーピングのことである。ＰＯＳデータにしてもこのカテゴリー分類がベースになる。

カテゴリーづくりは以下の４つが基本になる。

第1は、生活局面のグルーピングである。生活シーンと言ってもよく、例えば風邪薬カテゴリーは「風邪を早く治す」という生活シーンのグルーピングである。風邪薬や喉スプレー、栄養ドリング、熱冷まし用冷却シート等によって構成される。

第2は、買物局面のグルーピングである。例えばレジ前の売場は「ついで買い」という買物局面によるグルーピングである。タバコ、ガム、乾電池等によって構成される。

第3は、ライフスタイルによるグルーピングである。例えば「オーガニック」とか「ロハス」といったライフスタイルによるグルーピングである。今のところ日本のＤＧＳにはほとんど普及していない。

第4は、生産体系によるグルーピングである。メーカーが強力なマスマーケティングによって確立したグルーピングである。例えばカウンセリング化粧品の定番売場の『マキアージュ』や『エスプリーク』といったブランドブロッキング展開である。

カテゴリーが確立したら、次は小カテゴリーづくりである。

実は10年近く前に「カテゴリー展開では、お客は買物に失敗しやすい」ことに気が付いた。例えば日焼け止めには売価３００円の低価格品から売価３０００円の高価格品まである。当然この両者を買うお客は別々である。

そこで日焼け止めカテゴリーを、売価３００円の「低価格・日焼け止めの小カテゴリー」、売価５００～１０００円の「中価格・日焼け止めの小カテゴリー」、売価２０００円以上の「高価格・日焼け止めの小カテゴリー」に分解する。

肌老化の原因の８割は日焼けだと言われている。売価２０００円以上の高価格日焼け止めを買うお客はビューティケア意識が極めて高いお客である。したがって高価格日焼け止めは日差しが強くなる前の２月末に展開する。

つまりカテゴリーを小分けする「小カテゴリーＭＤ」のほうが、お客からすれば買いやすい売場になるし、ＤＧＳからすれば単価と粗利益率が改善する売場になる。

消費の高度化、多様化、そして情報化社会の進展から、アイテムが増えている。ファミリーユース、パーソナルユースという分類もある。家族単位で発生するのがファミリーユースである。例えば食器洗剤や洗濯洗剤、お米等である。一方、家族一人ひとりで欲しいものが異なるのがパーソナルユースである。例えばシャンプーや化粧品、菓子等である。

特にアイテムと売れ筋の数が多いカテゴリーの場合、カテゴリーを分解して小分けした「小カテゴリーのほうが、買物に失敗しにくい」ことに気が付いたのである。

小カテゴリーづくりは以下が基本である。

第１は、用途機能による小カテゴリーづくりである。例えばマスカラはロング、カール、ボリュームという用途機能で小カテゴリー展開をする。例えば風邪薬は熱喉総合、せきタン、鼻づまり鼻水、ひきはじめ、子供、解熱鎮痛という用途機能で小カテゴリー展開する。

第2は、価格帯による小カテゴリーづくりである。例えばシャンプーは４００円クラスの低価格品、８００円クラスの中価格品、２０００円クラスの高価格品という小カテゴリーで展開する。

第3は、テイストによる小カテゴリーづくりである。例えばカラーコンタクトはナチュラルテイスト、ファッションテイスト、セクシーテイストといった小カテゴリーで展開する。

第4は、ブランドブロッキングによる小カテゴリーづくりである。例えばスキンケアでは圧倒的に『ニベア』ブランドが強いので、ブルー色でまとめて小カテゴリー展開する。

第5は、年齢別による小カテゴリーづくりである。例えば介護食は40〜60代は「柔らかくて低カロリーで健康応援」というテーマである。70代以上は「柔らかくて高カロリーで健康応援」というテーマになる。

基本的にカテゴリーと小カテゴリーごとにファーストチョイス商品を設定する。

カテゴリー、小カテゴリーの優先順位

売場面積には限りがあるので、カテゴリーは並列では展開しない。必ずカテゴリーの優先

順位を考えて展開する。

図表9はカテゴリーと小カテゴリーの優先順位を検討する上での参考表だが、以下が基本になる。

第1は、売上あるいはマーケットが大きいカテゴリー、小カテゴリーは優先する。

第2は、伸びている、あるいは伸びる可能性が高いカテゴリー、小カテゴリーは優先する。

第3は、粗利益高が大きいカテゴリー、小カテゴリーは優先する。

第4は、目的来店性を発揮するカテゴリー、小カテゴリーは優先する。

第5は、競争が甘いカテゴリー、小カテゴリーは優先する。

優先順位が高いカテゴリーは、客数が多いロケーションで売場スペースを拡大する。客数が多いロケーションとは、例えば風除室、売場導入部のプロモーションスペース、主通路沿いのプロモーションスペース、レジ前のプロモーションスペース等である。

また優先順位が高いカテゴリーは適正規模でなければならない。基本は定番売場とプロモーションスペースを競合店の1・5倍にする。1・5倍のスペースがあれば、品揃えを強化できるし、売れ筋の在庫も増やせるので作業コストも下がる。また魅力的なPOPをつけるスペースもできるからだ。

図表9 ◉市場規模と競争状況による分類

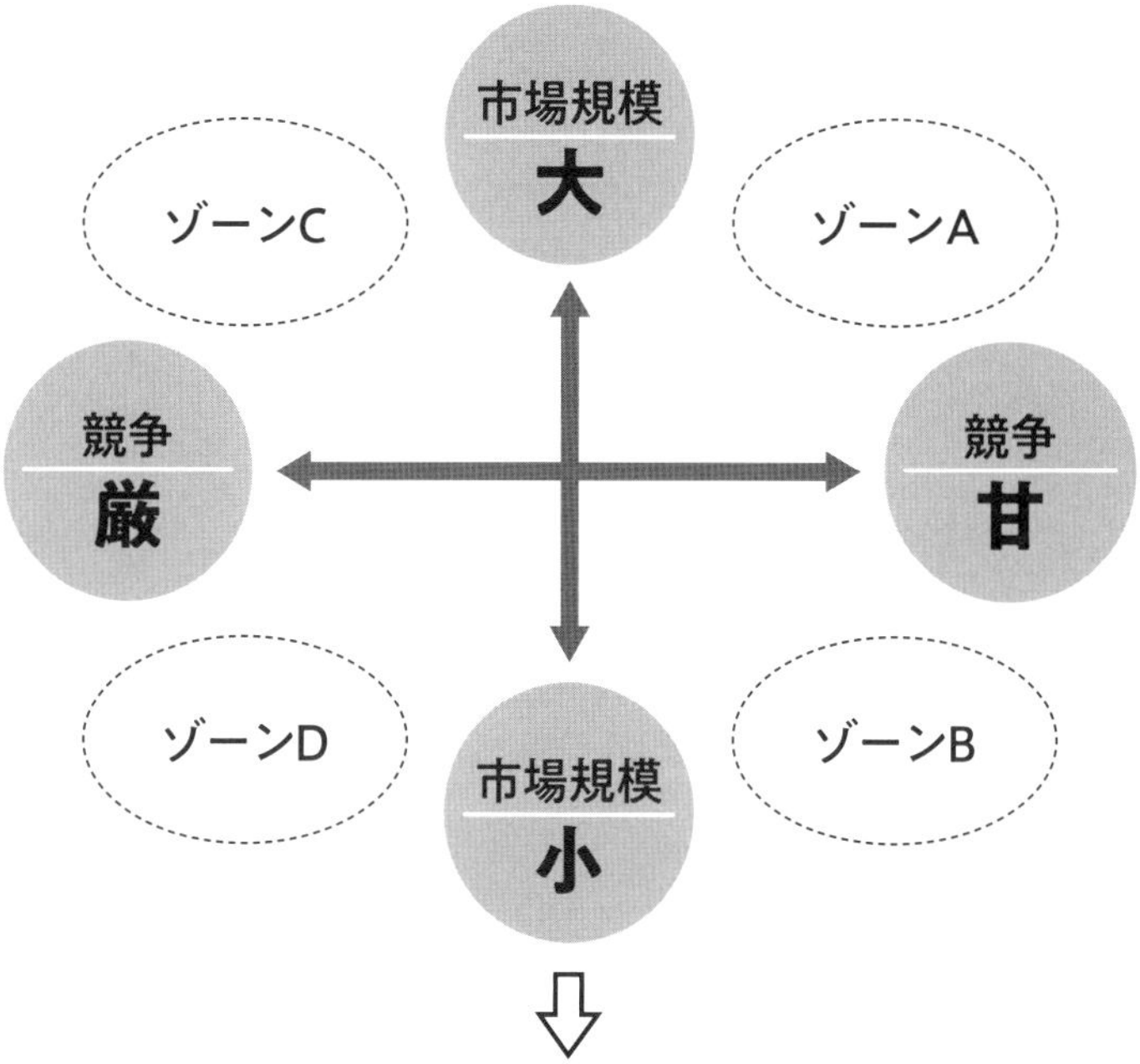

	売上	シェア	利益
ゾーンA	大	高	高
ゾーンB	小	高	高
ゾーンC	大	低	低
ゾーンD	小	低	低

2 ストアプランと回遊計画の作成

カテゴリーの組み合わせ＝商品分類表

カテゴリーが確定したら、それをストアプランに落とし込む。ストアプラン作成の急所は、カテゴリーの優先順位、カテゴリーの適正規模、カテゴリーの組み合わせである。

カテゴリーの強化によって、カテゴリー商圏人口の増大を図るのがカテゴリーMDの主旨である。カテゴリー強化では、コンビニエンス、ディスカウント、スペシャリティの3つの目的来店性を強化する。

理想は、展開する全てのカテゴリーにおいてこの3つの目的来店性を強化することである。とはいえ売場面積には限りがあるので、それは現実的ではない。

そこでカテゴリーの優先順位を決めて、優先順位が高いカテゴリーの適正規模を優先する。逆に優先順位が低いカテゴリーは扱い方が限定的になる。ストアプランの作成では、こうしたカテゴリーの基本方針を決めることがテーマになる。

店づくりの土台となるのがストアプランである。ストアプランは、①商品分類表、②カテゴリープラン表、③用途機能表、④回遊計画によって構成される。

カテゴリーの組み合わせを決めるのが商品分類表であり、カテゴリーの優先順位と適正規模と品揃え方針を決めるのがカテゴリープラン表である。

図表10が商品分類表の見本である。表の右側から見るのがコツになる。まずはカテゴリーを確定する。カテゴリーは生活局面、買物局面、ライフスタイル、生産体系でつくる。

カテゴリーが確定したら、カテゴリーの組み合わせの決定である。関連買いを誘発する

図表10 ◉商品分類表

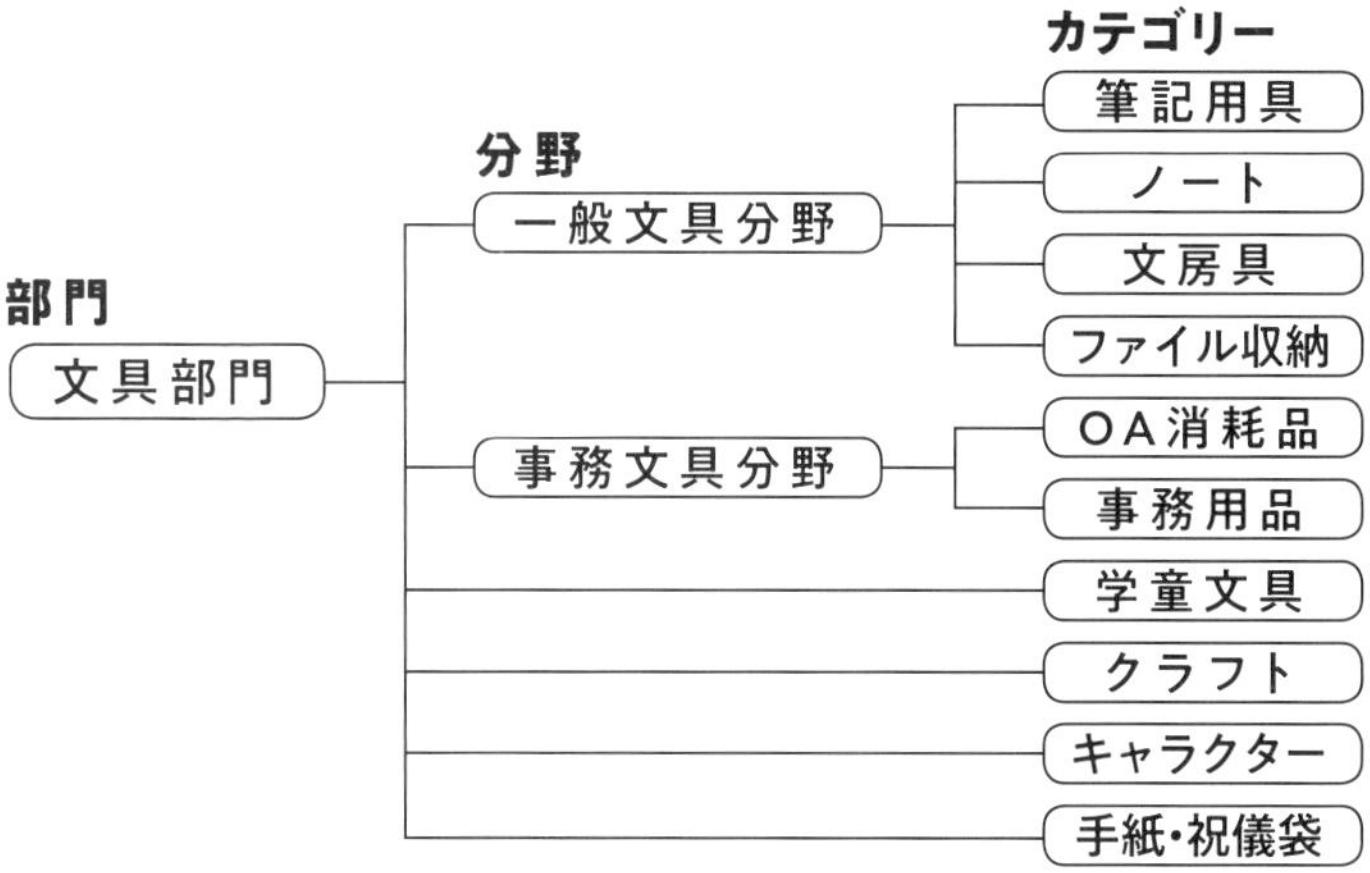

カテゴリーの組み合わせ、「ついで買い」を誘発するカテゴリーの組み合わせ、イメージの相乗効果を生むカテゴリーの組み合わせ、レイアウト上からのカテゴリーの組み合わせ等から商品分類表を作成する。

商品分類表の目的はカテゴリーの確定と、分野と部門の確定である。商品分類表作成のコツはカテゴリーから確定して、それから分野と部門を確定することである。

基本的に主力部門はカテゴリーの数が多くなる。準主力部門はそれよりもカテゴリーの数は少ない。補助部門はカテゴリーの数は限定的である。

MDの基本方針＝カテゴリープラン表

商品分類表を基に作成するのが**図表11**のカテゴリープラン表である。カテゴリープラン表の目的は、①カテゴリーのゴンドラ本数、②カテゴリーの位置付け、③カテゴリーの品揃え政策、④カテゴリーの目的来店性、⑤カテゴリーの目標経営数値を決定することである。

カテゴリーのゴンドラ本数は、優先順位が高いカテゴリーは定番売場もプロモーションスペースも拡大する。

カテゴリーの位置づけでは、核カテゴリー、準核カテゴリー、補助カテゴリーといった優先順位を決めることで、展開にメリハリをつける。

核カテゴリーは「明確な目的来店性を発揮する最重要なカテゴリー」である。お客が競合店を乗り越えて来店する魅力を発揮するのが核カテゴリーである。

核カテゴリーの急所は集客力にある。売上や利益ではない。マーケットの大小でもない。ほかのあらゆる小売業に比べて相対的に集客力を発揮するのが核カテゴリーである。

したがって核カテゴリーの数が多いほど客数と来店頻度は向上する。核カテゴリーは、コンビニエンス、ディスカウント、スペシャリティといった3つの目的来店性を徹底的に強化する。

核カテゴリーを中心として、生活カバーに

図表11◉カテゴリープラン表

G=ゴンドラ　T=定番　P=プロモーション

部門	分野	カテゴリー	G本数	位置付け	品揃政策	目的来店性	売上	粗率	粗額	在金	回転 他
ヘルスケア	衛生	生理用品	T8 P8	核	品種拡大 品目MD	スペシャリティ ディスカウント					

よるワンストップショッピングを構成するのが準核カテゴリーと補助カテゴリーである。

準核カテゴリーは、ある程度の目的来店性を発揮するものの、本質的には核カテゴリーとの関連の中でワンストップショッピングを構成するものである。例えばシャンプーが核カテゴリーで、ヘアスタイリング剤は準核カテゴリーとしてワンストップショッピングを構成する。補助カテゴリーは純然たる「ついで買い」の商品である。例えばヘア小物等である。

カテゴリーごとにどんなコンセプトで品揃えをするかを決めるのが「品揃え政策」である。商品の特性、お客のニーズの特性、売場のインパクト、売場の効率、競合店との比較等を整合させるかたちで決定する。

まずは取り扱い品種を拡大するか、標準にするか、限定的にするかである。例えば生理用品カテゴリーであれば、生理用品に加えて、鎮痛剤、デリケートゾーンのケア用品、ショーツといった品種を拡大するので「品種拡大」である。

次に「用途機能ＭＤ」か「品目ＭＤ」かの決定である。**図表12**は掃除用品売場の構造である。部門➡分野➡カテゴリー➡品種➡用途機能➡品目という構造である。

ノンフーズでは買物は用途機能から発生する。お客はモップという品種を買いに来るのではない。お客は「水拭き用という用途機能」を買いに来るのである。風邪薬にしても、お客は風邪薬という品種を買いたいのではない。「喉の痛みを和らげるという用途機能」を買い

図表12 ◉ 商品の構造

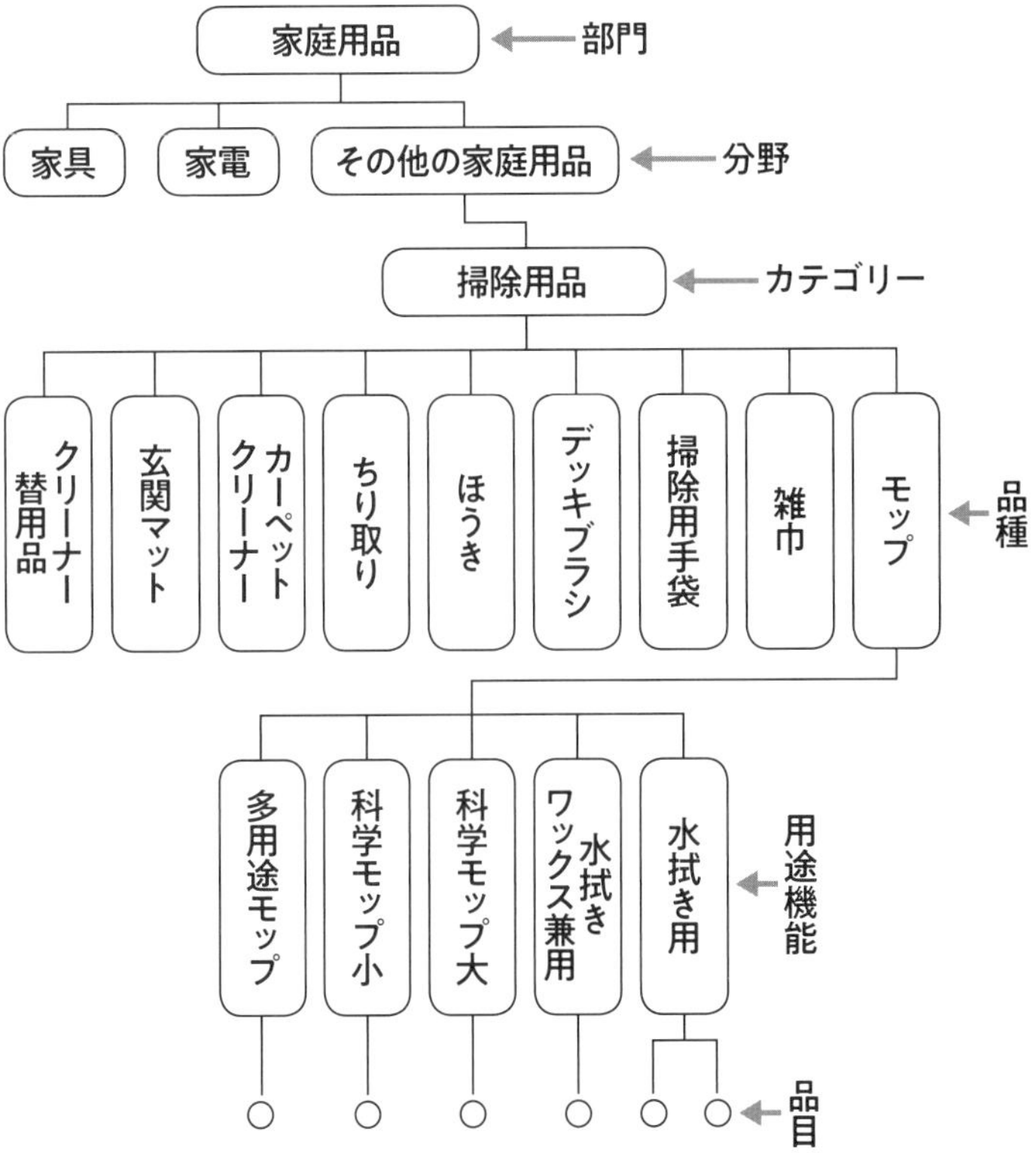
家庭用品
部門
家具
家電
その他の家庭用品
分野
掃除用品
カテゴリー
クリーナー替用品
玄関マット
カーペットクリーナー
ちり取り
ほうき
デッキブラシ
掃除用手袋
雑巾
モップ
品種
多用途モップ
科学モップ小
科学モップ大
水拭きワックス兼用
水拭き用
用途機能
品目

に来るのである。

したがってノンフーズのワンストップショッピングでは、品種ごとの用途機能の高密度化が重要なテーマになる。

品種ごとの用途機能の高密度化に並んで大事なことが「カテゴリーごとの品目揃えの方針」である。これは大きく2つある。

1つは用途機能だけが重要で、ブランドやデザインやテイストといった品目の内容はあまり問われないカテゴリーである。

図表12の掃除用品などがこれで、例えばモップを買いたいお客からすれば「水拭き用」や「化学モップ」といった用途機能が必要なのであって、ブランドやデザインはあまり重要ではない。したがって掃除用品カテゴリーは「品目は絞り込む」という品揃え政策になる。

こうしたカテゴリーは用途機能だけが大事なので「用途機能ＭＤ」という。用途機能ＭＤは品目の絞り込みがしやすいから、ディスカウントの魅力をつくりやすい。

一方、用途機能に加えてブランドやデザインやテイストといった品目の内容が重視されるカテゴリーもある。

例えば風邪薬は用途機能としては熱喉総合、せきタン、鼻づまり鼻水、ひきはじめ、子供等があるが、加えてメーカーブランドも購買において重要になる。またスリッパは室内用やトイレ用といった用途機能に加えてデザインやファッション性も重要になる。

このように用途機能に加えて品目の内容が購買において大きな役割を占めるカテゴリーは「品目ＭＤ」である。品目ＭＤはブランド、テイスト、デザイン、ファッション性等によって購買を創造することからスペシャリティという魅力をつくりやすい。

カテゴリーごとのライフスタイルを確定する

ここではライフスタイル図表と用途機能表、回遊計画について解説する。

カテゴリー単位で強化することでカテゴリー商圏人口を増大するのがカテゴリーＭＤの主旨だが、まず前提になるのがベーシックゾーンマーケット（顕在需要の生活必需品）の獲得である。

生活必需品なので、このマーケットをしっかりと押さえた上でのスペシャリティゾーンマーケット（潜在需要の生活向上品）への挑戦となる。

スペシャリティゾーンマーケットへの挑戦とは「店頭で行う需要創造」であり、リアル店舗であるＤＧＳでは極めて重要である。

高品質な生活向上品には、①質的な向上によって生活を豊かに幸せにするアップグレード商品と、②新しい品種や新しい用途機能を提案することで生活の標準が向上するアップスタンダード商品の２つがあることはすでに述べた。

例えば車を『カローラ』から『セルシオ』に乗り換えることはアップグレードである。生活の中に観葉植物、絵画、ウインドウファッション等を付け加えて生活の豊かさや便利さを向上するのがアップスタンダードである。

図表13はライフスタイル図表である。右上は品目が個性的で用途機能も拡大するので「高感度型」のライフスタイルである。ソリューション型ＤＧＳでは化粧品のカテゴリーがこれである。

左下の品目は大衆的で用途機能も限定的な

図表13 ◉ ライフスタイル図表

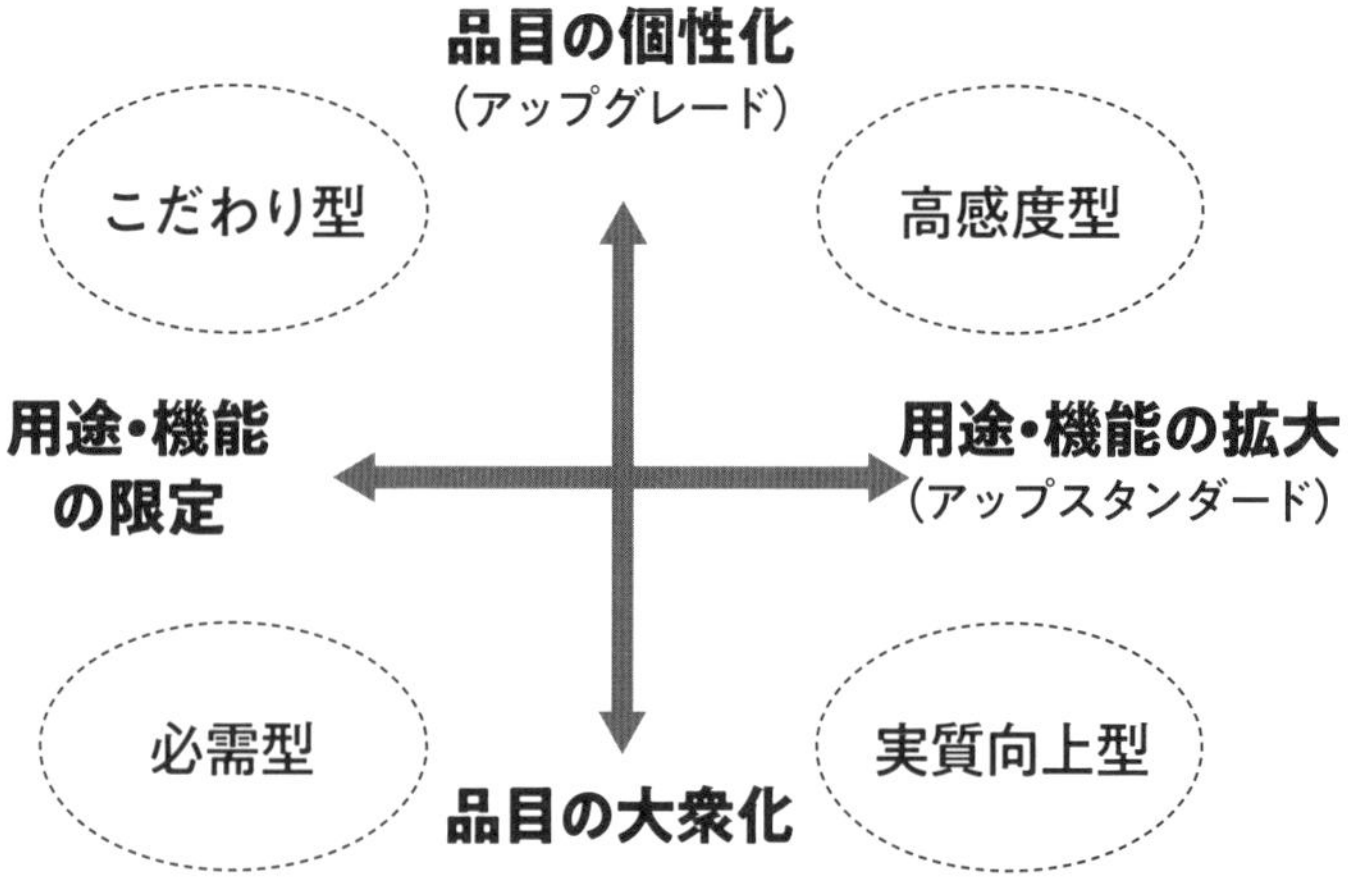

ので「必需型」のライフスタイルである。園芸用品や小動物用品のカテゴリーがこれである。

右下の品目は大衆的だが用途機能を拡大するので「実質向上型」のライフスタイルである。文具や電材のカテゴリーがこれである。

左上の品目は個性的で用途機能は限定的なので「こだわり型」のライフスタイルである。

カテゴリーごとの品揃えの方針を綿密に決めることで、インパクトのある品揃えと経営効率を両立させるのがカテゴリープラン表の目的である。

用途機能表と定番棚割りの確定

カテゴリープラン表はあくまでもMDの基本設計図である。それを具体的な品揃えに落とし込んだのが**図表14**の用途機能表である。

用途機能表によって品揃えが確定する。用途機能表の目的は、品種構成、用途機能構成、品目構成の決定である。同時に売れ筋の明確化とファーストチョイス商品の明確化である。

2割の売れ筋で全売上の8割を占めるというのが「売れ筋の法則」である。売上問題も粗利益問題も作業問題も、売れ筋を優先することが基本になる。

用途機能表を作成する段階でもれなく売れ筋を把握する。またファーストチョイス商品を設定する。ファーストチョイス商品のコンセプトは「お客を喜ばせ幸せにする商品」である。つまり利益率ではない。

次に作成するのが定番棚割りである。定番棚割りは用途機能別スペース生産性分析等を基に作成する。

定番棚割りは2段階で作成する。第1段階は、スペース生産性分析からの定番棚割りである。第2段階は、その定番棚割りのゴールデンゾーンにファーストチョイス商品をはめ込む手順である。

つまり定番棚割りは、用途機能別スペース生産性分析から作成した後に「このファーストチョイス商品を販売活力化したい！」という意志と意図で再構成する。また定番棚割りでは適正在庫量と発注数量を確定することも

図表14◉用途機能表

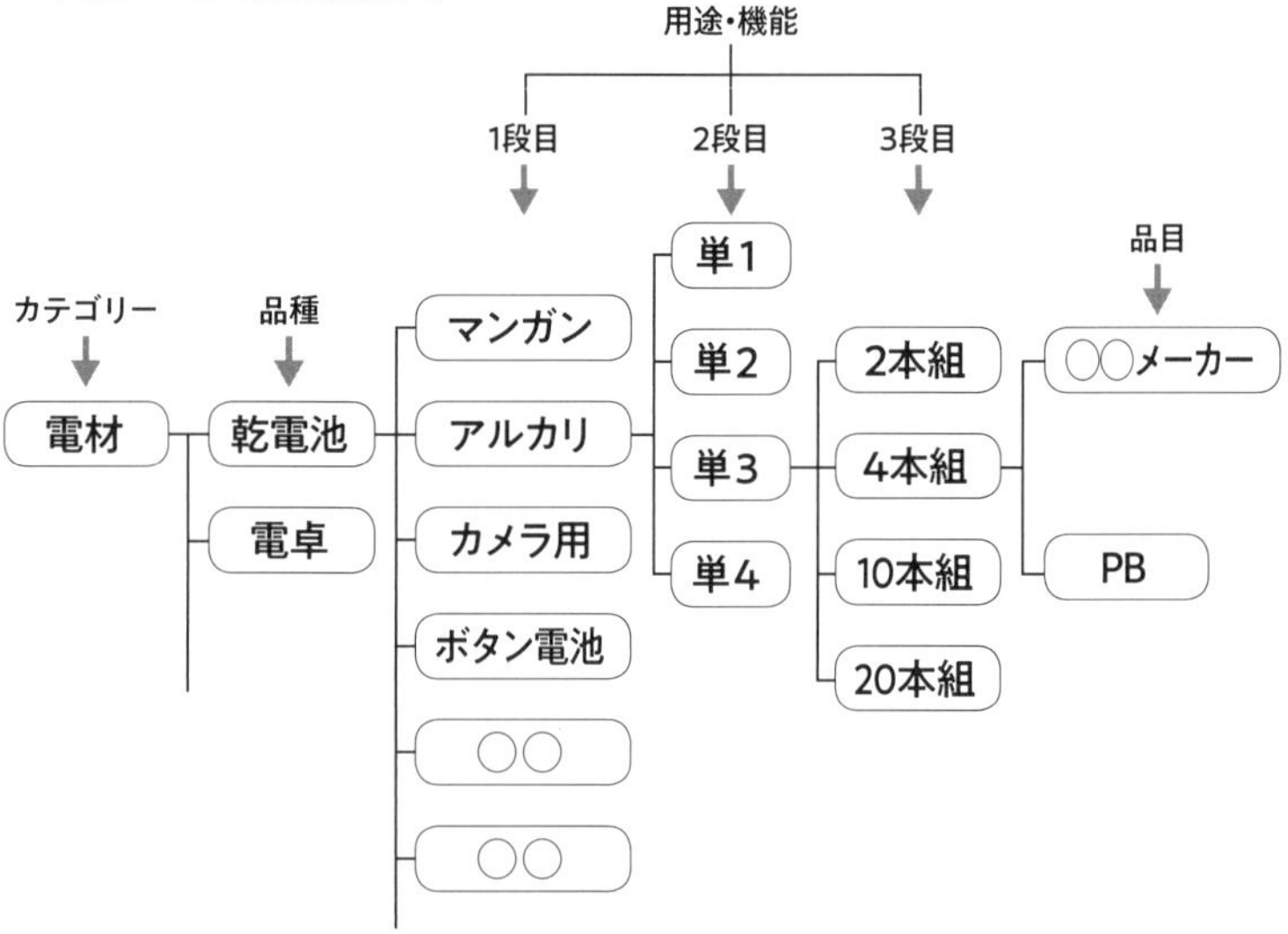

重要である。

部門横断をテーマに回遊計画を作成する

商品分類表、カテゴリープラン表、用途機能表が確定したら最後に回遊計画を作成する。回遊計画は、①主通路と什器レイアウト、②ゾーニング、③レイアウトの3種類によって構成される（**図表15**は主通路と什器レイアウトの見本）。

回遊計画とは、お客に店内をまんべんなく歩いてもらうための仕掛けである。買いたい商品が発見しやすく、「ついで買い」もしやすいことが急所になる。

ハウスキーピングニーズの商品は、消耗品、

図表15 ◉ 回遊計画「主通路と什器レイアウト」

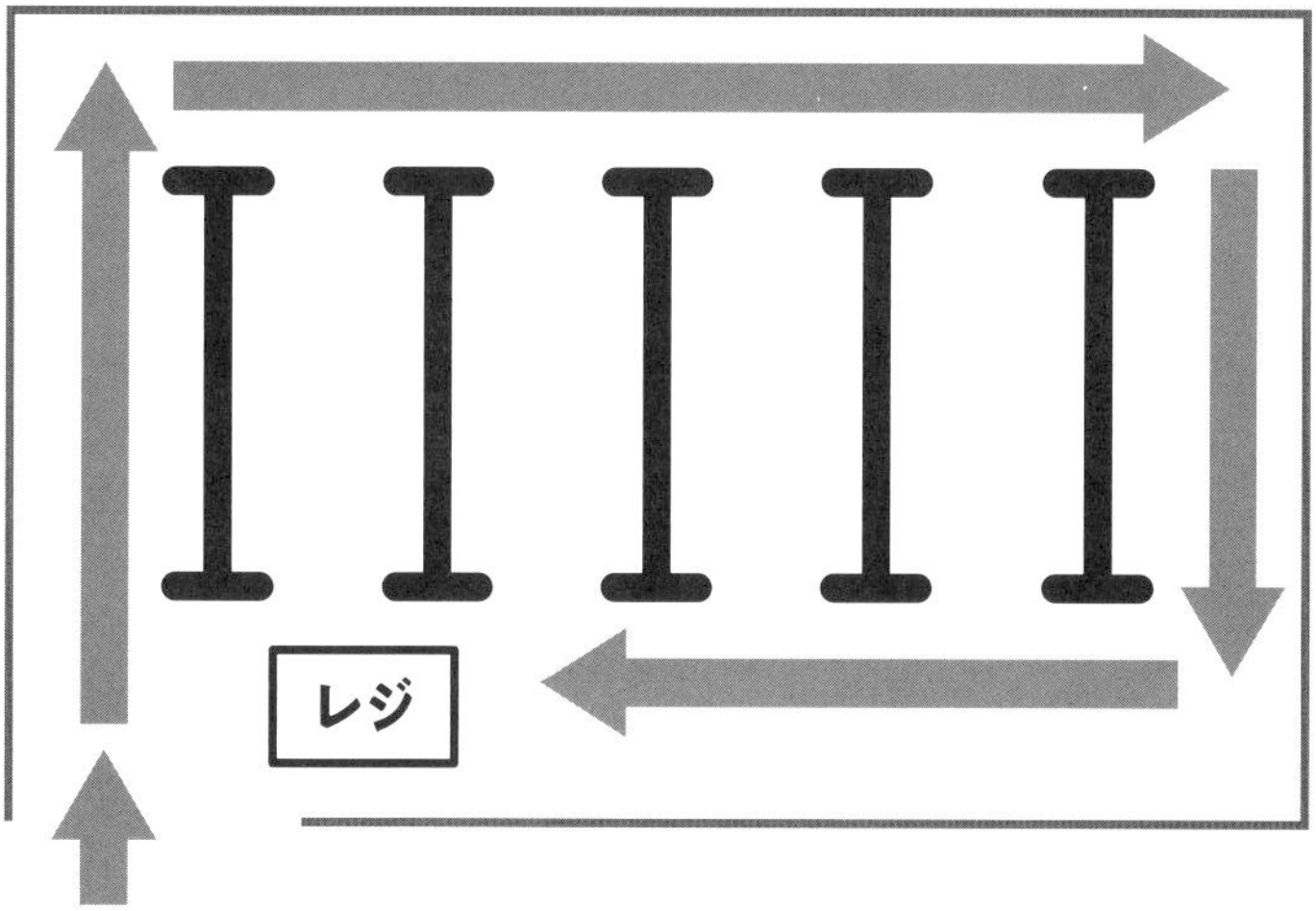

低単価品、小サイズのものが多い。したがって、お客の歩行距離と買い上げ点数は比例しやすい。

店内をお客がまんべんなく歩き、さまざまな部門、カテゴリーにお客が接することで買い上げ点数は向上する。このように店内をまんべんなく歩く仕組みを「部門横断」という。

部門横断は以下が急所になる。

第1は、店の形状＝店形である。店形は大型化したら、やや横長になる。理由は、縦導線よりも横導線の方がお客を誘導しやすいからだ。

第2は、主通路と什器レイアウトである。主通路は「壁面ワンウェイコントロール」になる。主通路を壁面沿いに設定することで、お客を大回りで歩かせる。それによって部門横断させる発想である。したがって主通路設定は最も大事で、直線で幅広くする。

什器レイアウトは縦おきで、連結は10本以上と長くなる。連結が短いとカテゴリーが収まらないし、お客の歩行導線が複雑になりやすいからだ。

第3は、ゾーニングである。ちなみに部門の配置のことをゾーニングという。カテゴリーの配置のことがレイアウトである。

ゾーニングは、集客力のある部門を店奥に設置する。DGSでは食品に当たる。特に購買比率が高い日配品になる。ヘルスケアやビューティケアのような利益部門を客数が多い入口サイドやレジ近くに配置する。文具や電材やペットのような「ついで買い」部門はその中間に設置する。

第4は、レイアウトである。レイアウトは商品分類表を基に作成する。交差比率が高い儲かるカテゴリーを客数が多いロケーションに設置する。関連買いや「ついで買い」されやすいカテゴリー同士は組み合わせて設置する。集客力のあるカテゴリーは店奥に設置する。

集客力のある強いカテゴリーと、弱いカテゴリーを組み合わせることもコツである。弱いカテゴリーは孤立させると全く売れなくなるからだ。

3

マグネット売場とインストアプロモーション

１品単価と買い上げ点数が店の実力を表す

お客が買い忘れしない売場をつくる。お客が「ついで買い」をする売場をつくる。買い上げ点数の向上は顧客シェア向上を意味する。そのための技術がインストアプロモーションであり、マグネット売場とＰＯＰである。

店の実力を測る場合、売上と粗利益高の前年比と予算比を見ることが一般的である。もちろんこれは基本であるが、しかし目の前に競合店が出店したら売上と粗利益高は下がるし、逆に競合店が撤退したら何もしなくても売上と粗利益高は改善する。

売上と粗利益高が店の本当の実力を表さないこともあるわけだ。店の実力を表すのは１品単価と買い上げ点数だと思っている。

１品単価を高めることは重要である。近年は安売りのオンパレードである。業界紙誌を見ると「安売りを強化した」というニュースばかりだ。

もちろん安売りも大事だが、「安売りだけではダメだ」と私は言っている。人口減少時代では安く売っても売り個数と粗利益高は増えないからだ。

１品単価を高めるということは「ファーストチョイス商品の売り個数を増やす」ことを意味している。

１品単価が伸びている店は、ファーストチョイス商品の売り個数が増えているということであり、「お得意さまが増えている」ことを意味する。部門ごとの１品単価は永続的に高めることが正しい。

買い上げ点数が多いということは、お客が「買い忘れしていない」ことを意味する。

買物から帰ってきて、買ってきた物を食卓に並べたりする。その時に「あ！あの商品を買い忘れた！」ということがよくある。買い忘れた商品は、お客は競合店に買いに行っている。つまり需要が競合店に流出しシェアが低下しているのだ。

ハウスキーピングニーズの商品は「ついで買い」されやすいという特徴がある。店づくりで大事なことは「お客が買い忘れしない店」を実現することである。

マグネット売場の理解とプロモーションの重要性

来店したお客に、計画外の買物をさせる技術がインストアプロモーションである。お客が買い忘れしない売場をつくり、「ついで買い」する売場づくりによって買い上げ点数を上げる技術である。

ちなみに来店する気がないお客を来店させるのがアウトストアプロモーションである。チラシ、ポイント販促、イベント、コモディティ商品の特売等が相当する。われわれがこれを単発商売と呼んでいることはすでに述べた。

インストアプロモーションはＰＯＰのことではない。買い上げ点数を向上するためのあらゆる行為がインストアプロモーションである。

したがってインストアプロモーションは回遊計画からスタートする。例えばいくら素晴らしいＰＯＰを作成しても、回遊性が悪くてお客がその売場の前に行かなければそのＰＯＰは無駄になる。

インストアプロモーションの柱になるのがマグネット売場である。**図表16**はマグネット売場を表している。斜線部分が第１マグネット売場、②が第２マグネット売場、③が第３マグネット売場、④が第４マグネット売場である。

マグネット売場は役割で考えると理解しやすい。

第1マグネットは主通路である。主通路は大多数のお客が通るので、大多数に関係する高頻度購買の消耗品を展開する。すなわち第1マグネット売場の役割は「ついで買いを触発する役割」である。消耗品とはいっても紙おむつのような一部のお客しか買わない商品は展開しない。こうした商品だとそこでお客の導線が途切れるからだ。主通路を歩くお客は紙おむつ売場から奥に行かなくなる。

第2マグネットは店奥の通路突き当たりに設定する。お客が店内を大回りで歩くことで買い上げ点数は向上する。つまり第2マグネットは「店の奥までお客を誘導する役割」である。核カテゴリー、コモディティ商品の

図表16◉ マグネットの位置

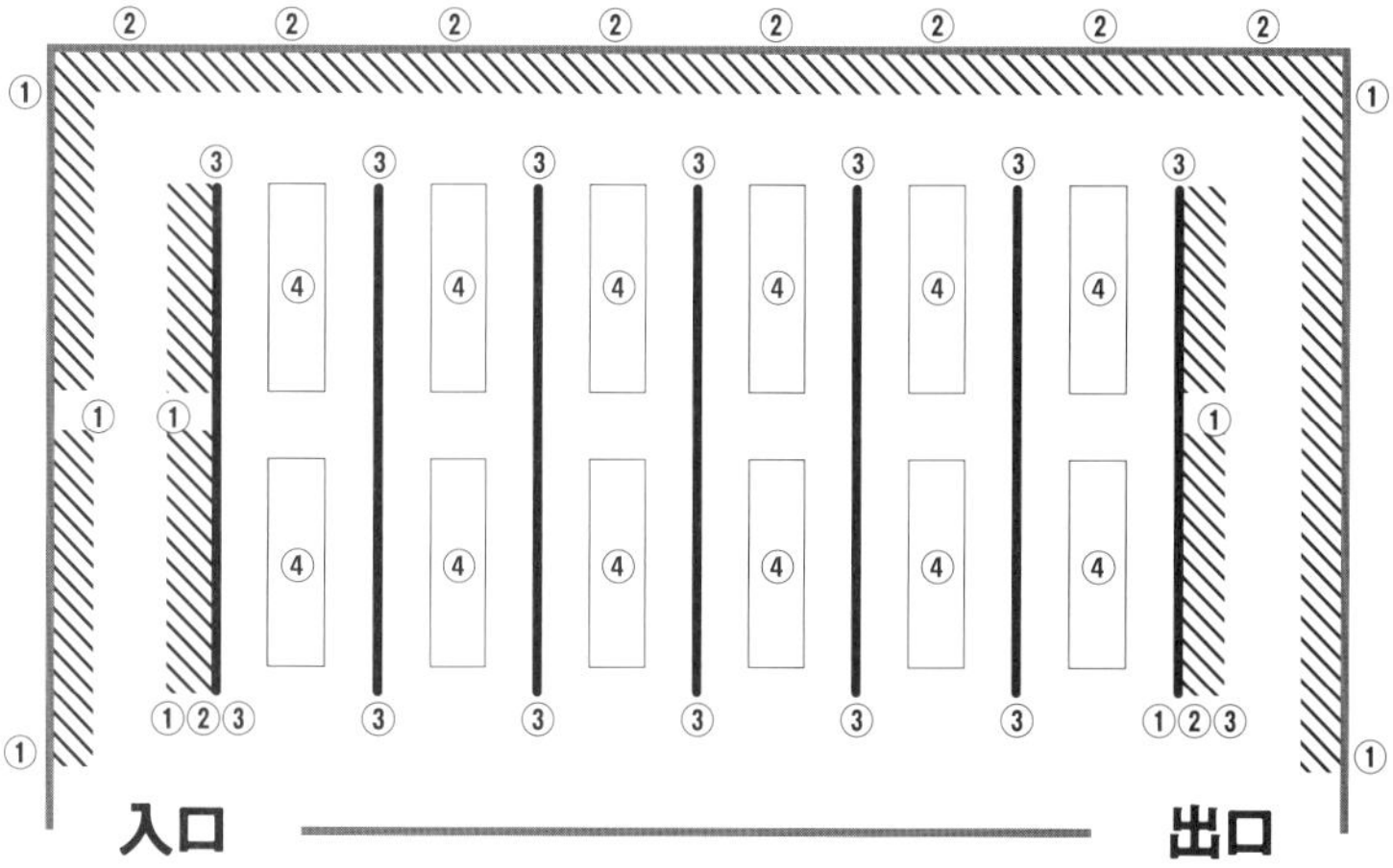

特売、エブリデイロープライス商品、季節商品、売れ筋商品等になる。

第３マグネットはゴンドラエンドである。先にお客の歩行距離と買い上げ点数は比例すると述べた。しかし単に歩いているだけでは、お客は売場を素通りしているだけだ。

つまり第３マグネットは「歩いているお客を立ち止まらせて、売場や商品に興味を持たせる」のが役割である。商品はファーストチョイス商品、売れ筋商品、季節商品、コモディティ商品の特売、日替わり商品等になる。

第４マグネットはゴンドラ間通路に設定する。「お客をゴンドラ間に誘導する」役割である。売れ筋商品、コモディティ商品の特売等を大量陳列でアピールする。

ブックストア方式では定番列とプロモーション列を交互に配置する。プロモーションスペースでは、消耗品、売れ筋、季節商品、コモディティ商品の特売、そしてファーストチョイス商品等を展開しているので、お客を誘導するパワーが抜群に大きい。

つまりプロモーション列には第１マグネット、第２マグネット、第３マグネット、第４マグネットの機能がある。すなわち最強の売場である。

ただし、今まで何度か述べているが、プロモーションスペースの管理運営には、店長と売場担当者に「売場づくりの６つの技術」が必要になる。この技術がないと、プロモーション列は残品の山積みになる。

ファーストチョイス商品は手書きＰＯＰが効果的

図表17がインストアプロモーション体系である。例えば素晴らしいＰＯＰを作成しても、その売場の前にお客が行かなければ全く意味がない。

インストアプロモーションの最上位概念は回遊計画である。お客がまんべんなく店内を歩く店形、主通路と什器レイアウト、ゾーニング、レイアウトが最も重要になる。次にお客を誘導するマグネット売場である。

また売れ筋の「爆発点ＭＤ」、用途機能別スペース生産性分析に基づく棚割り、ファーストチョイス商品と粗利益高ベスト商品のゴールデンゾーンでの展開、前進立体陳列、フェースアウト等も重要である。これらのことができた上でＰＯＰ作成になる。

ＰＯＰの基本は以下である。

低価格の魅力で売れる商品は印刷の大きな安売り訴求ＰＯＰがあればいい。テレビＣＭのインパクトで売れる商品はＣＭポスターで訴求する。

そしてファーストチョイス商品は可能な限り手書きＰＯＰを活用する。ファーストチョイス商品の売場づくりとＰＯＰづくりは２段階で考える。

図表17 ◉ インストアプロモーション体系

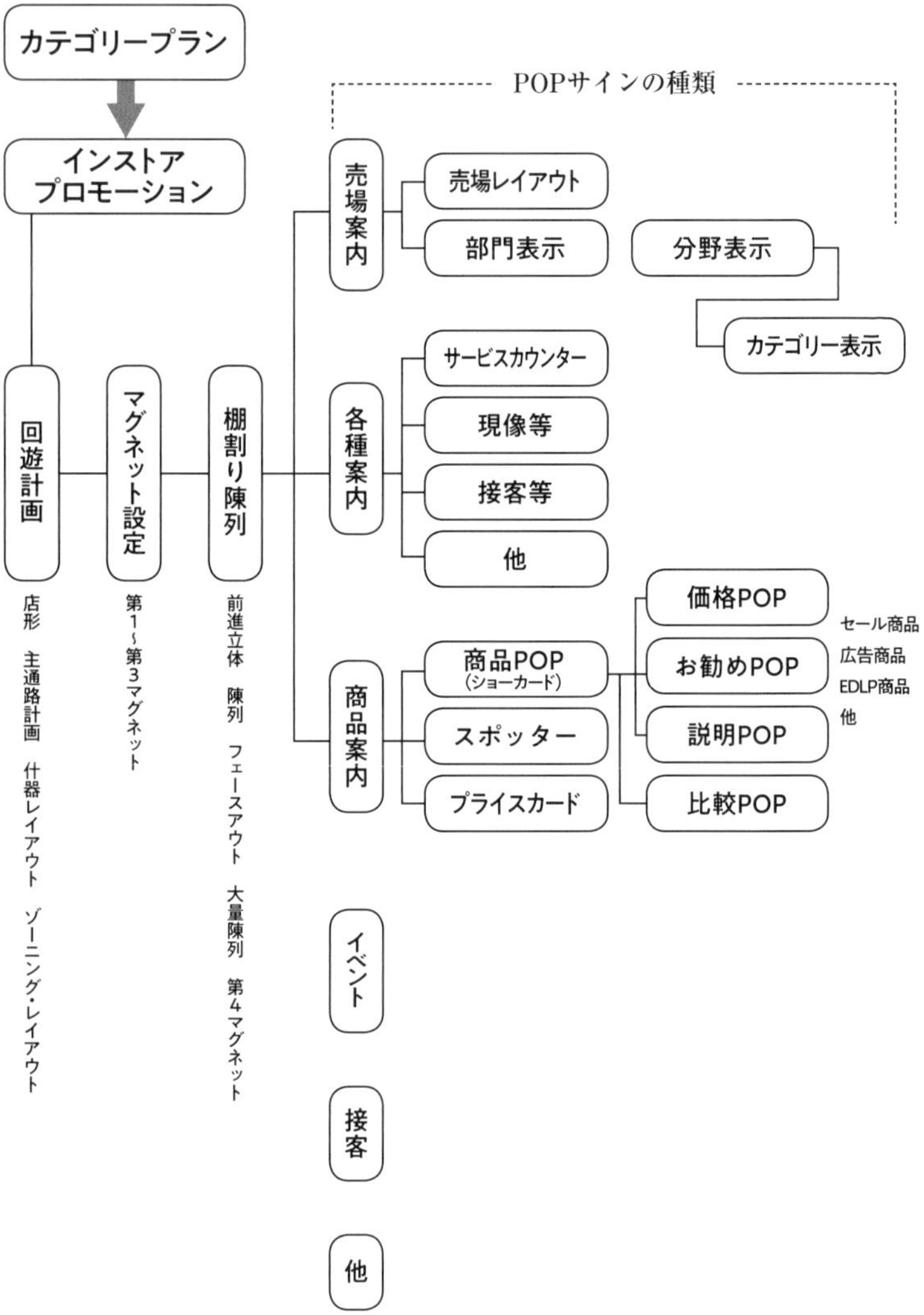

第1段階のテーマは「目と足を引っ張る」である。来店したお客の全員の目を引き付け、売場に立ち寄ってもらうのである。

目を引き付けるには「タワー」が効果的である。足を引っ張り、売場に立ち寄ってもらうためには、商品の用途機能とお客の悩みを書いた手書きの「デカＰＯＰ」が効果的である。

第2段階は買物である。第1段階によって売場の前に来たお客が、思わず手を伸ばして買いたくなる売場づくりである。そのためには商品の用途機能、品質、特徴、使い方等を売場づくりとＰＯＰで伝えることが必要になる。

4 データ分析と一次情報

ベーシックゾーンは各種データで把握する

ＩＴの高度化と汎用化から、一昔前からすると考えられないぐらいデータ分析が進化している。ベーシックゾーンマーケット（顕在需要の生活必需品）はデータ分析で売れ筋を把握する。スペシャリティゾーンマーケット（潜在需要の生活向上品）は一次情報と定性目標でファーストチョイス商品を発見する。

売れ筋の法則とは、２割の売れ筋で売上の８割を占めるという経験則である。売上問題も粗利益問題も作業問題も、売れ筋の徹底的な優先が必要になる。

基本的には競合店よりもいち早く売れ筋を発見して、競合店よりもいち早く売場に山積みしてお客にアピールすることが必要になる。

ベーシックゾーンマーケットは顕在需要の生活必需品なのでデータが存在する。したがって市場データやＰＯＳデータ等の分析によって売れ筋をいち早く発見することと、品揃えの弱点を発見することがテーマになる。

データ分析の急所は、①売れ筋カテゴリーの発見、②売れ筋品目の発見である。

売れ筋カテゴリーとは、どの品目が売れているというよりも、カテゴリー全体の売上が大きいことを意味する。例えばシャンプーやドリンク剤や目薬である。こうしたカテゴリーは基本的には売場そのものを拡大する。

売れ筋カテゴリーには「年間売れ筋カテゴリー」と「期間売れ筋カテゴリー」がある。年間売れ筋カテゴリーは年間を通して定番とプロモーションのスペースを拡大する。例えばカップラーメンやビール等である。

期間売れ筋カテゴリーは、ある需要期だけよく売れて、平月は売り個数が激減する。例えば使い捨てカイロや殺虫剤や園芸用品等である。期間売れ筋カテゴリーは、需要期は客数が多いロケーションでドカンとプロモーションスペースを拡大する。需要期以外は定番でもスペースは縮小する。

売れ筋品目には「年間売れ筋品目」と「期間売れ筋品目」がある。年間売れ筋品目は年間を通して定番とプロモーションで訴求する。期間売れ筋品目は、需要期はプロモーションスペースで訴求して、需要期以外は定番だけでの展開になる。

高度化したデータ分析を活用する

売れ筋カテゴリー、売れ筋品目のリアルタイム把握では、以下のデータ分析を行う。

第１は、カテゴリー別、小カテゴリー別の市場動向の把握である。市場規模、市場伸び率、市場特性、売れ筋品目の動向等である。

第２は、「カテゴリーＰＯＳ」による、カテゴリー別、小カテゴリー別のリアルタイムの数値把握である。ちなみにカテゴリーＰＯＳとは「売場分類であるカテゴリー単位でのＰＯＳデータ」のことである。

カテゴリー別の売上、売り個数、粗利益率、粗利益高、在庫回転、平均単価、価格帯別売り個数グラフ、ライフサイクルと季節変動指数の把握である。

同時に小カテゴリー別の売上、売り個数、粗利益率、粗利益高、在庫回転、平均単価、価格帯別売り個数グラフ、ライフサイクルと季節変動指数の把握である。

理想はカテゴリーと小カテゴリーでＰＯＳデータがリアルタイムで把握できることである。

第３は、単品の数値把握である。売り個数、売上、粗利益率、粗利益高、在庫回転、ライフサイクルと季節変動指数の把握である。

第４は、市場数値とカテゴリーＰＯＳデータの比較と分析である。カテゴリー、小カテゴリー、用途機能、品目ごとに、市場データと比較する。その中でわが売場の問題点を把握するのだ。

例えば単一と単二の乾電池の市場占有率が20％であったのに、単三と単四の市場占有率が5％の場合、明らかに単三と単四乾電池は機会損失を起こしている。

この場合、乾電池は「ついで買い」されやすいという特性があるので、レジ前に単三と単四乾電池を目立つように陳列するとか、視認性が高い柱回りなどで「乾電池タワー」をつくって対策とする。

第5は、カテゴリーごと、小カテゴリーごと、用途機能ごと、品目ごとに、売り方とカテゴリーＰＯＳデータとすり合わせをする。

異常値がある場合は、原因を考える。例えばオペレーション力（クレンリネス、品切れ、接客等）、売り方（ロケーション、スペース、カテゴリーの組み合わせ、商品構成、価格、棚割りと陳列、販促）、環境（天候、気温、地域行事、競合店、景況）等である。

第6は、カテゴリーごと、小カテゴリーごと、用途機能ごと、品目ごとに、わが店と全店データを比較する。全店で売れているのに、わが店で売れていない場合は、対策を考える。

スペシャリティゾーンは定性目標と一次情報を重視する

データ分析の高度化と汎用化から、どこのＤＧＳでも売れ筋のいち早い発見が可能になっている。つまりデータ分析が高度になればなるほど、わが店も競合店も売場が似てくる。結果、安売り合戦という消耗戦しかなくなる。

問題は、データは過去しか分からないことだ。どんなに高度化したデータ分析でも、過去のことが詳しく分かるに過ぎない。データでは今と未来は分からない。

ベーシックゾーンマーケットは顕在需要の生活必需品なのでデータ分析で把握できる。一方、スペシャリティゾーンマーケットは潜在需要の生活向上品なのでデータそのものが存在しない。

需要創造とは未開の地を切り開く作業である。

月並みの表現だが「わが前に道はなく、わが後ろに道はできる」というのが需要創造である。勇気と我慢が必要なのが、需要創造である。

需要創造に必要なのが一次情報の活用である。ちなみに自分の目で見て、体験して、考えたことが一次情報である。二次情報とはＰＯＳデータや市場データ、本で読んだことや人から聞いたこと、インターネットで知ったことなどである。

スペシャリティゾーンマーケットにおける需要創造とは、新しい売れ筋の発見である。新しいマーケットの創造である。つまり生活向上品であるアップグレード商品とアップスタンダード商品の発見である。

新しい売れ筋、アップグレード商品とアップスタンダード商品の発見では以下が必要になる。第１は、定性目標の明確化と、それを組織の隅々まで徹底することである。定性目標とは言葉の目標であり、これがないとスペシャリティゾーンマーケットの商品はひとつも売れない。

例えば化粧品であれば「来店した女性を美しく華やかにセクシーに、そして笑顔にする！」という定性目標を設定して、そのためのアップグレード商品とアップスタンダード商品を発見して育成する発想である。

第２は、一次情報の重視である。私は一次情報のことを「半径５メートル主義」と呼んでいる。定性目標を意識して、半径５メートルを観察し、体験し、考えていれば新しい売れ筋は発見できる。

第３は、店スタッフへの尊敬と教育、そして自律型マネジメントである。実際に需要創造に取り組むのは店スタッフ一人ひとりである。店スタッフの自己主張気質を尊重する自律型マネジメントが必要である。また店スタッフへの継続的な教育も欠かせない。

第４は、挑戦の社風である。需要創造は新しい売れ筋なので、失敗するリスクもゼロではない。挑戦的な失敗を評価する社風がないと、誰もスペシャリティゾーンマーケットに挑戦しなくなる。

ソリューション型ＤＧＳはジャストインタイムなＭＤに取り組んでいる。つまりベーシックゾーンマーケットでは１週単位、１日単位で、その時々の売れ筋カテゴリーと売れ筋品目を圧倒的な迫力で展開をする。

加えてスペシャリティゾーンマーケットでは定性目標の下に、お客を喜ばせ幸せにするアップグレード商品とアップスタンダード商品を、店スタッフ一人ひとりの創意工夫で販売活力化していくのである。

5 競合店対策とお客さま対策

ターゲットマーケットと戦略

ベーシックゾーンマーケットは生活必需品なので、これからも価格競争に立ち向かう。つまり競合店対策が重要であり、レッドオーシャンである。

一方のスペシャリティゾーンマーケットは潜在需要の生活向上品なので、お客のニーズに寄り添うことが必要になる。目の前にいるお客を喜ばせ幸せにする想像力が必須である。つまりお客さま対策であり、ブルーオーシャンである。

人口減少時代は、ベーシックゾーンマーケットだけでは企業の存続が難しくなる。

つまりベーシックゾーンマーケットに加えて、スペシャリティゾーンマーケットへの挑戦が必要になる。すなわち需要創造であり、新たなマーケットを創出する発想である。

ベーシックゾーンマーケットは顕在需要の生活必需品なので競合店をマークすることが必

要になる。特に競合店の価格をマークすることが必要になる。つまり「競合店対策」である。

ベーシックゾーンマーケットサイズは大きいが、付加価値は低い。言ってみれば１００人中、１００人が買いたい商品である。生活必需品なので、競合店よりも価格が安いことが重要になる。

スペシャリティゾーンマーケットは潜在需要の生活向上品なので、基本的に競合店は存在しない。

低単価の安売りが主語の商品は必然的に品質も低い。お客からすれば不満、悩み、要求がある。また既存の商品にもお客は不満、悩み、要求がある。お客は今の生活そのものにも不満、悩み、要求を感じていることが多い。

こうしたお客の不満、悩み、要求に高品質な生活向上品と情報によって解決策を提供するのがソリューション型ＤＧＳである。

つまりスペシャリティゾーンマーケットの生活向上品は、来店して目の前にいるお客の生活を豊かに幸せにすることがテーマなので「お客さま対策」といえる。

スペシャリティゾーンマーケットサイズはやや小さいが付加価値は高い。言ってみればお客１００人中、30人が買う商品といえる。

価値訴求によって需要創造するのが生活向上品であり、アップグレード商品とアップスタンダード商品である。ソリューション型DGSは、これらの商品の中から「お客を喜ばせ幸せにする」というコンセプトからファーストチョイス商品を設定する。

レッドオーシャン戦略の価格と品揃え

ベーシックゾーンマーケットはレッドオーシャンであり、スペシャリティゾーンマーケットはブルーオーシャンである。

ベーシックゾーンマーケットは生活必需品が競合店よりも安いという魅力が大事になる。したがってコストダウンが必要になる。

店段階における総人時数の約4割は補充作業である。コストダウンのためには、補充作業を減らす工夫が必要になる。1アイテム当たりのハンドリングコストをいかに下げるかである。そのためには適正在庫のための売場拡大、陳列線の拡大を行う。

ケース単位のオペレーションを増やすことも大事になる。例えば最大陳列数量が1・5ケースで、最低陳列数量が0・5ケース。在庫が0・5ケースまで減少したら1ケースを発注して、そのまま売場に補充する発想である。同時に発注や物流システムも改善する。

仕入れ原価を下げるためには商品の絞り込みも必要になる。顧客満足を追求しながら、商品の絞り込みに取り組む。ちなみに商品の絞り込みは、カテゴリー特性とお客の立場から行う。ＰＯＳデータとベンダー情報による絞り込みは同質競争に陥る。

コモディティ商品の強化も必要である。コモディティ商品とは、お客が買うか買わないかを判断する際に価格の安さしか考慮しない商品のことである。

ベーシックゾーンマーケットの品揃えでは、競合店に見劣りしないことをテーマに、ハウスキーピングニーズの生活カバーの品揃えに取り組む。競合店に見劣りしないカテゴリー構成、品種構成、用途機能構成、品目構成を実現する。

ブルーオーシャン戦略は想像力でお客を創る

スペシャリティゾーンマーケットでは、お客をより豊かに幸せにする生活向上品を提案する。生活向上品の中から、わが店が最初にお勧めする高品質商品がファーストチョイス商品である。

ファーストチョイス商品の選定ではリピート率を優先する。リピート率が顧客満足度を表すからだ。

すでに述べたように、データ分析ではスペシャリティゾーンマーケットは把握できない。

来店した目の前にいるお客を観察して、目の前のお客の悩み、不満、要求を想像して、目の前のお客を喜ばせ幸せにするという「想像力」が必要になる。

例えばスペシャリティゾーンマーケットの商品にカラーコンタクトがある。

20年ぐらい前から、ＤＧＳの店頭ではマスカラやつけまつげといったアイメイク用品が売れている。

アイメイクが好きなお客は「目元を魅力的に見せたい」「彫りを深く見せたい」「目と瞳を大きく見せたい」という願望がある。

こうしたお客にカラーコンタクトを提案したら「きっときれいになって喜んでいただけるぞ！」と考え、売場をつくるのが想像力である。

ファーストチョイス商品は、その良さをお客が実感できることが大事になる。良さを実感することで、お客がリピートするからだ。つまりファーストチョイス商品は効果効能が実感できる使い方を、お客に伝えることも重要になる。

例えば美容クリームのファーストチョイス商品であれば「お客を美しく華やかにセクシーにする！」という定性目標を持った売場担当者が、効果効能が一番実感できるフェイスマッサージの仕方を教える発想である。

例えば食品であれば「美味しい食品を提案することでお客の食卓を笑顔にする！」という

定性目標を持った売場担当者が、一番美味しくなる食べ方を教える発想である。

つまりスペシャリティゾーンマーケットでは売場担当者が定性目標を理解して、徹底することが大事になる。

スペシャリティゾーン開拓のためのメーカーとの協働

顧客満足度が高くリピート率が高いファーストチョイス商品はお得意さまを創る。つまり絶対的な差別化になる。すなわちブルーオーシャン戦略の目的は「お客を創る」ことである。

基本的にファーストチョイス商品はNBメーカーのものを設定する。もちろんプレミアムプライベートブランド（PPB）商品も開発するが、それほどの数はつくれないからだ。

NBメーカーからファーストチョイス商品を選定する基準が以下である。

第1は、思想性を持っている一流メーカーと組むことである。例えば資生堂は「一瞬も一生も美しく」という思想からビジネスを構築している。こうした思想性である。

第2は、今後10年以上にわたって販売できる商品であることだ。

第3は、メーカーの営業担当者と、売場担当者がチームを組んで、ファーストチョイス商品の価値をお客に伝える仕組みを確立することだ。

売場担当者に寄り添い、売場担当者と共鳴できるメーカーが成功する。どこのメーカーと組むかも、ファーストチョイス商品の販売活力化では重要である。

6 核カテゴリーがお得意さまを創る

カテゴリーの3つの分類

この章の最後は、お得意さまを創る核カテゴリーと商品の絞り込みについての考え方を解説する。

カテゴリーは以下の3つに分類する（**図表18**）。

第1は「核カテゴリー」である。地域一番の明確な目的来店性を発揮する強力なカテゴリーである。

核カテゴリーは、目的来店性のコンビニエンス、ディスカウント、スペシャリティの3つをすべて持つ。お客が競合店を乗り越えて来店する最強の集客力を発揮する。

競合店をはるかに上回る品揃えであり、核カテゴリーのターゲットマーケットはベーシックゾーンマーケット（顕在需要の生活必需品）＋スペシャリティゾーンマーケット（潜在需要の生活向上品）である。

第2は「準核カテゴリー」である。核カテゴリーと組み合わさることでワンストップショッピングを実現する役割である。基本的に競合店並みの品揃えと価格であればよい。

準核カテゴリーは、目的来店性のコンビニエンスとディスカウントの2つを持つ。ターゲットマーケットはベーシックゾーンマー

図表18 ◉ カテゴリーの3つの分類

核カテゴリー　＝　コンビニエンス＋ディスカウント＋スペシャリティ

＋

準核カテゴリー　＝　コンビニエンス＋ディスカウント

＋

補助カテゴリー　＝　コンビニエンス

＝

ワンストップショッピング

ケットである。

第3は「補助カテゴリー」である。核カテゴリーや準核カテゴリーと組み合わさることでワンストップショッピングを補完する役割である。

補助カテゴリーは、目的来店性のコンビニエンスだけを持つ。あくまでも「ついで買い」のレベルの取り扱いでよい。品揃えは思いっきり絞り込む。ターゲットマーケットはベーシックゾーンマーケットである。

限られた経営資源の中で、核カテゴリー、準核カテゴリー、補助カテゴリーといったカテゴリーの優先順位を決めて、そしてカテゴリーの組み合わせを決める。それによって最大の効果を発揮するためのＭＤ技術がカテゴリーＭＤである。

核カテゴリーの決め方

核カテゴリー、準核カテゴリー、補助カテゴリーの組み合わせによってワンストップショッピングを実現する。売場づくりでは強力な目的来店性を発揮する核カテゴリーが中心になる。ワンストップショッピングを補完するのが準核カテゴリーと補助カテゴリーである。

核カテゴリーの条件は売上や利益ではない。明確な目的来店性を発揮するのが核カテゴリーである。売上や利益が低くても、明確な目的来店性を発揮するのが核カテゴリーである。

核カテゴリーの決め方が以下である。

第1はお客の購買行動である。

例えばシャンプーが売れなければヘアカラーもスタイリングも売れない。ボディソープも入浴剤も売れない。さらにはカウンセリング化粧品も売れなくなる。したがってシャンプーは「核カテゴリー」として徹底的に強化する。

決め方の第2はカテゴリー特性である。例えば日本はコメ文化なので、コメは核カテゴリーとして強化する。またコメが美味しく食べられる納豆や瓶詰商品を核カテゴリーとして強化する。

決め方の第3は売場面積である。売場面積が大きな店は核カテゴリーを増やせるし、売場面積が小さな店は核カテゴリーは少なくなる。

決め方の第4は競合店との相関関係である。競合店よりも核カテゴリーは増やすのが原則である。

核カテゴリーがワンストップショッピングの中心になる

コンビニエンス、ディスカウント、スペシャリティといった3つの目的来店性を発揮するのが核カテゴリーである。核カテゴリーではスペシャリティゾーンマーケットの高品質商品(ファーストチョイス商品)を展開する。

ファーストチョイス商品は高品質であり、したがってリピート率が高く、お得意さまを創る。そして利益貢献度も高い。

核カテゴリーがお得意さまに対して明確な目的来店性を発揮する。核カテゴリーと組み合わさることでワンストップショッピングを実現するのが準核カテゴリーと補助カテゴリーである。

準核カテゴリーは品揃えと価格が競合店並みであればよい。補助カテゴリーは品揃えを割り切って絞り込む。

事例①シャンプーカテゴリーの考え方

大型ＨＣでは、シャンプーのゴンドラ本数が15本のところもある。一方、売り場面積３００坪のソリューション型ＤＧＳのシャンプーはゴンドラ10本程度だ。

この場合、一見するとＨＣのほうがシャンプーカテゴリーが強く、ゴンドラ本数で劣るＤＧＳのシャンプーカテゴリーが弱く見える。

しかし実のところ、ＨＣのシャンプーは「準核カテゴリー」であり、ＤＧＳのシャンプーは「核カテゴリー」である。ＤＧＳのシャンプー売場のほうが明確な目的来店性を発揮するのである。それはなぜか。

シャンプーカテゴリーは売価から以下の３つの小カテゴリーに分解できる。

第１は売価４００円クラスの「低価格・小カテゴリー」である。このクラスを買うお客は、価格の安さだけでブランドを選んでいる。

第２は８００円クラスの「中価格・小カテゴリー」である。このクラスを買うお客は、テレビＣＭのインパクトで買うべきブランドを選んでいる。

第３は２０００円クラスの「高価格・小カテゴリー」である。このクラスは価格の安さで選ばれるシャンプーではない。またテレビＣＭがないので、ＣＭのインパクトで選ばれるシャンプーでもない。２０００円クラスの高価格シャンプーを買うお客は、ハリ・コシ・艶・〝天使の輪〟といった機能訴求でブランドを選び、購入する。そして２０００円クラスの高価格シャンプーはスペシャリティゾーンマーケットの商品である。

ＨＣのシャンプーカテゴリーはゴンドラ本数15本と売場は広いが、展開しているのは低価格・小カテゴリーと中価格・小カテゴリーだけだ。つまり高価格・小カテゴリーはない（あるいは弱い）。だからＨＣのシャンプーは「準核カテゴリー」になる。

一方、売り場面積３００坪のソリューション型ＤＧＳのシャンプーカテゴリーはゴンドラ本数は10本しかない。しかし低価格・小カテゴリーと中価格・小カテゴリー、そして高価格・小カテゴリーのシャンプーも展開している。だからソリューション型ＤＧＳのシャンプーは「核カテゴリー」である。

ゴンドラ本数は少ないが、ソリューション型ＤＧＳのシャンプーカテゴリーのほうが明確な目的来店性を発揮するのである。

ちなみに女性の第一印象は髪の毛で決まる。どんなに素敵なメイクをしても、髪の毛が痛んでいたら老け顔に見られる。だからカウンセリング化粧品を販売強化しているソリューション型ＤＧＳでは、２０００円クラスの高価格シャンプーの販売強化は絶対条件になる。

事例②ヘアケアのカテゴリープラン

スペシャリティゾーンマーケットの商品（ファーストチョイス商品）を展開しているのが核カテゴリーである。ソリューション型ＤＧＳのカテゴリープランは以下になる。

ビューティケア部門を構成するのがヘアケア分野である。ヘアケア分野を構成するのがシャンプーカテゴリー、ヘアカラーカテゴリー、ヘアスタイリングカテゴリー、ヘア小物カテゴリーになる。

ソリューション型ＤＧＳのシャンプーカテゴリーは「核カテゴリー」である。４００円の低価格・小カテゴリー、８００円の中価格・小カテゴリー、そして２０００円クラスの高価格・小カテゴリーを販売強化しているからだ。

２０００円クラスの高価格・小カテゴリーはスペシャリティゾーンマーケットの商品であり、顧客満足度が高い商品なのでリピート率も高い。つまりお得意さまを創る。

ソリューション型ＤＧＳのヘアカラーカテゴリーは「核カテゴリー」である。低価格のヘアカラーに加えて、『ロレアルパリ　エクセランス』のような１４００円クラスの高品質ヘアカラーを販売活力化しているからだ。高品質ヘアカラーとは美容院並みの仕上がりの商品である。

ソリューション型ＤＧＳのヘアスタイリングカテゴリーは「準核カテゴリー」である。ＰＯＳデータやベンダー情報から、競合店並みの品揃えと価格である。

ソリューション型ＤＧＳのヘア小物は「補助カテゴリー」である。ＰＯＳデータやベンダー情報で絞り込む。

核カテゴリーの数を増やす

急所は、全部門で核カテゴリーを育成することだ。ヘルスケア部門、ビューティケア部門、雑貨部門、一般食品部門、菓子部門、日配品部門、酒類部門といった全ての部門で核カテゴリーを育成する。

準核カテゴリーと補助カテゴリーの数を増やしたり、売場スペースを拡大したりしても差別化にはならない。準核カテゴリーと補助カテゴリーだけでは価格競争という消耗戦に陥る。

カテゴリーＭＤでは、核カテゴリーをより強化することと、核カテゴリーの数を増やすことが急所になる。

核カテゴリーの強化では、高品質な生活向上品であるファーストチョイス商品の販売強化が必要になる。その中でお客との結びつきを強化する。

準核カテゴリーにファーストチョイス商品を導入し、販売を強化することによって準核カテゴリーから核カテゴリーに格上げ（パワーアップ）する方法もある。

補助カテゴリーはＰＯＳデータやベンダー情報によって品揃えと価格を強化する。それによって補助カテゴリーから準核カテゴリーに格上げ（パワーアップ）する方法もある。

Ｈ＆ＢＣだけでなく、全部門で核カテゴリーをつくる。そして増やすことが急所になる。

核カテゴリーの強化

コスト削減をテーマに商品を絞り込むことは間違いではない。しかし商品の絞り込みは方法を間違えると競争力が低下する。ここではカテゴリー強化の方法と、商品の絞り込みの技術について解説する。

競争はカテゴリー単位で発生する。したがってカテゴリーの競合店を明確にする必要がある。例えば食品を強化しているＤＧＳであれば、ＳＭやＣＶＳも競合店になる。雑貨を強化しているＤＧＳであれば、ＨＣも競合店になる。

競争力は、競合店のカテゴリーとの「相関関係」で決まる。核カテゴリーは目的来店性のコンビニエンス、ディスカウント、スペシャリティの３つを持つ。したがって核カテゴリーは売場スペースの拡大が必要になる。理想は定番売場も競合店の１・５倍の広さを確保することである。

核カテゴリーの強化では、目的来店性のコンビニエンスの追求も重要になる。コンビニエンスの追求では以下が重要になる。

第１は目的とする商品が発見しやすくて買いやすい売場である。第２は買うべき商品を買い忘れしない売場である。第３は目的外の商品を「ついで買い」してしまう売場である。第４はお客が買った商品に満足する売場である。

核カテゴリーの強化では、目的来店性のディスカウントの強化も重要になる。ディスカウントの強化では以下が重要になる。

第１は売り個数ベスト商品（市場シェアベスト商品、コモディティ商品）の安さの訴求である。第２は低プライスレンジ（低価格帯）のアピールである。第３はお客が買った商品に満足する売場である。

目的来店性であるコンビニエンスとディスカウントでは、ＰＯＳデータやベンダー情報の活用、そして競合店調査等によってベーシックゾーンマーケットの把握が必要になる。

核カテゴリーにおける目的来店性のスペシャリティの実現では以下が重要になる。

第１は、生活がより豊かに、より幸せになる高品質商品（ファーストチョイス商品）と情報が手に入る売場づくりである。第2は、ファーストチョイス商品の効果効能が実感できて、買物に満足する売場である。第3は、ファーストチョイス商品と情報によって、生活の質が具体的に向上する売場である。

スペシャリティの実現では、定性目標と一次情報が必要になる。定性目標とは言葉の目標であり、定性目標がなければファーストチョイス商品は一つも売れない。一次情報とは、売場担当者やバイヤーが、自分の目で見て、自分で体験して、自分で考えて生み出した情報のことである。

核カテゴリーでは、楽しい売場、面白い売場、おしゃれな売場、変化のある売場といった観点も重要になる。ネット販売との差別化といった観点からも、こうしたリアル店舗としての世界観づくりは重要である。

人口減少時代とカテゴリー強化

地方ではすでに急速に人口が減少している。人口減少時代に戦略的に取り組まなければならないことが以下である。

第1は、適正規模の実現である。ＤＧＳ業界には「適正規模は売場面積３００坪」という常識が一部にある。しかしこれは出店のしやすさから決まった面積であり、顧客満足や競争力は保証しない。人口減少時代では、顧客満足の観点から適正規模を決めるべきである。

基本的には核カテゴリー、準核カテゴリー、補助カテゴリーの適正規模の集積が売場面積であると考える。競争力強化のために核カテゴリーの数を増やせば、売場面積も拡大することになる。

第2は、食品カテゴリーの強化である。実のところ一部のDGS企業を除くと、DGSの食品売場は弱い。食品マーケットの上澄みを獲っているに過ぎない。例えば納豆の品揃えが10種類以下のDGSは「食品売場が弱い」と考える。

特に人口の減少率が高い地方では、マーケットが巨大で、お客との接点が増える食品の強化は急務である。そこでは、安売りだけでなく、食生活のカバーや美味しさといった観点からの品揃えの強化も必要になる。

第3は、調剤併設である。マーケットが拡大基調で、客数が増える調剤は店に併設する必要がある。

第4は、カウンセリング化粧品の強化である。カウンセリング化粧品の機会損失は大きいからだ。

第5は、核カテゴリーを増やすことと徹底強化である。

第6は、そのための人材の育成である。

核カテゴリーのターゲットマーケットは、ベーシックゾーンマーケットに加えてスペシャリティゾーンマーケットである。つまり潜在需要の生活向上品（ファーストチョイス商品）の販売強化に取り組む。

ファーストチョイス商品を販売活力化するのは店スタッフ一人ひとりである。したがって店スタッフの年収を上げることも重要なテーマになる。

絞り込みの基本的技術

カテゴリーの適正規模の集積が売場面積である。とはいっても、土地スペースの問題から適正規模が実現できないことのほうが多い。

売場面積が狭い場合は「商品の絞り込み」が必要になる。また作業コストの低減化のために商品の絞り込みをすることもある。

問題は「絞り込みの技術」がないと、店の競争力が低下することだ。

例えば核カテゴリーの商品を絞り込むと競争力は低下する。コンビニエンス、ディスカウント、スペシャリティといった3つの目的来店性を損なうからだ。

ソリューション型ＤＧＳの絞り込みの技術が以下である。

第１は、縮小できるカテゴリーと、縮小できないカテゴリーの見極めである。

基本的に補助カテゴリーの目的来店性はコンビニエンスだけなので、商品を絞り込み、売場スペースを縮小、あるいはカットすることもできる。例えば食器、肌着、園芸用品、ペット用品、小動物用品等である。

準核カテゴリーの目的来店性はコンビニエンスとディスカウントなので、競合店並みのスペースと競合店並みの品揃えが必要になる。例えばサポーター、カップラーメン、ヘアスタイリング、洗濯洗剤、芳香剤、ペットフード、筆記用具等である。

核カテゴリーは縮小できない。コンビニエンス、ディスカウント、スペシャリティといった３つの目的来店性を持たねばならないからだ。例えばシャンプー、ドリング剤、ビタミン剤、胃腸薬、カウンセリング化粧品、洗顔クレンジング、焼酎、日本酒、ワイン、ビール、菓子、納豆、瓶詰等である。

絞り込み技術の第２は、用途機能ＭＤと品目ＭＤの使い分けである。

購買において用途機能だけが大事で品目揃えはあまり必要がない品種は、品目を絞り込む。これが用途機能ＭＤである。用途機能ごとに品目を絞れるので、ディスカウントの魅力が出しやすい。例えば家庭用品（掃除用品、洗濯用品）、乾電池、コピー用紙、園芸の土、除草剤等である。

用途機能に加えて、品目の選択性が重要な品種は品目揃えを拡大する。これが品目ＭＤである。用途機能ごとの品目数が多いので、専門性の魅力が出しやすい。例えば洗濯洗剤、柔軟剤、風邪薬、シャンプー、洗顔クレンジング等である。

第3は、ファミリーユースとパーソナルユースの使い分けである。

家族単位で買物が発生するのがファミリーユースであり、品目数を絞れるカテゴリーが多い。家族の一人ひとりで欲しい商品が異なるのがパーソナルユースであり、品目はむしろ拡大する。

第8章

売場経営者による
MDの運営

1

ソフト面とハード面の取り組みによってリピート率を上げる

ソフト面の急所は〝店格〟を上げること

店づくりで最も大事なことはリピート率である。今週も来週も、平日も週末も、平月も年末もお客が競合店を乗り越えてわが店に来店する店づくりである。リピート率が高い店づくりにはソフト面とハード面の２つの大きなテーマがある。

リピート率を上げるテーマの１つ目はソフト面である。ソフト面とは目に見えないものであり、店スタッフの心がけで実現するものである。

２つ目はハード面である。ハード面とは目に見えるものであり、売場、什器、商品、陳列、ＰＯＰ等のことである。

ソリューション型ＤＧＳはこの２つの掛け合わせでリピート率を高める。

リピート率を高めるためのソフト面の取り組みの急所は「〝店格〟を上げる」ことである。

店スタッフ一人ひとりの心がけによって店の格を上げる発想である。

店格は3段階で上げていく。

第1段階のテーマは「信用される店づくり」である。そのためには①表情、②言葉遣い、③立ち居振る舞いといったマナーの3項目が必要になる。これらが気持ちいいと、店は信用される。

第2段階は「信頼される店づくり」である。信頼という文字は「信じる」「頼る」という漢字によって成り立っている。つまりお客から信じて頼られる店づくりである。そしてそのためには接客の3項目が必要になる。

接客の3項目とは、①お客の顔を覚える、②お客の名前を覚える、③お客のリクエストを覚えるである。ちなみにお客のリクエストを覚えるとは、お客が購入した商品や、お客からの相談を覚えておくということである。

カウンセリング化粧品や調剤薬局では、接客の3項目は当たり前である。

化粧品担当者は化粧品を買ったお客の顔と名前を憶えて、そのお客が買った商品とリクエストを覚えることで、継続的なカウンセリング活動に生かす。お客と長期的な関係を築き上げる。

薬剤師も基本的には同じである。患者の顔と名前とリクエストを覚えるのは当然である。

そのために化粧品売場や調剤薬局には「顧客台帳」や「薬剤服用歴（薬歴）」システムがあり、常に内容を更新している。

接客3項目には万引き防止の効果もある

カウンセリング化粧品や調剤薬局には「顧客台帳」や「薬剤服用歴（薬歴）」システムがあるが、一般用医薬品売場、健康食品売場、雑貨売場、トイレタリー売場、菓子売場、一般食品売場、酒類売場には当然、台帳はない。ＩＤ付ＰＯＳデータで購買履歴を把握することはできるが、店スタッフ一人ひとりが特定のお客の購買履歴を把握できるようになっているＤＧＳは少ない。

だから「お客の顔を覚える」ことが重要になる。目標は30人のお客の顔を覚えることだ。例えば菓子パン売場の担当者であれば、菓子パン売場でよく買物をしているお客の30人の顔を覚える。酒類売場の担当者であれば、酒類売場でよく買物をしているお客の30人の顔を覚えるのである。

小売業には昔から「売場の5大用語」といわれるものがある。「いらっしゃいませ」「少々お待ちくださいませ」等々である。

実は日本人はシャイなので「いらっしゃいませ」とお声かけする際に、お客の顔を見ていない。大抵の場合、お客の喉元から胸元を見て言っている。人によっては床を見て言っている人もいる。

つまり「お客の顔を30人覚える」という目標を設定すると、売場の五大用語を言う際に店スタッフはお客の顔と目を見るようになるのである。

お客からすれば、店スタッフ一人ひとりが自分の顔と目を見て「いらっしゃいませ！」と言うのである。そこで信頼が生まれるわけだ。

またこれには副次的な効果もあって、お客の顔を見て売場の五大用語を言うことが習慣化することで、万引きロスも減るのである。

最終目的は「尊敬される店づくり」

ソフト面の第1段階のテーマは信用される店づくりである。第2段階のテーマは信頼される店づくりである。そして第3段階のテーマが「尊敬される店づくり」である。

店スタッフと店がお客から尊敬される店づくりである。尊敬されるのだから、お客は競合店を乗り越えて来店するようになる。リピート率が一気に上がるのだ。

ソフト面の究極の店づくりが「尊敬される店づくり」である。そのためには、店スタッフがお客から何かを聞かれたら、的確に応える能力が必要になる。

例えば化粧品担当者がお客から「来月、20年ぶりの同窓会があるんだけど、今のファンデーションではどうしても頬のシミがカバーできない。どうしたらよいかしら」と相談されたら、的確にお客が求める解決策を提供する。

「シミ対策には基礎化粧品の『オバジC20セラム』もありますが、『マキアージュ』のコンシーラーとファンデーションを、ファンデーションブラシでこのように伸ばしたら一瞬でシミを消せます」と化粧品担当者が答える。

例えば菓子担当者が年配のお客から「幼稚園児の孫が来るんだけど、どんなお菓子がいいかしら」と相談されたら、的確にお客が求める解決策を提供する。

「知育菓子が流行っています。大人と子供で楽しくつくれるし、美味しいからお勧めです」と菓子担当者が応える。

例えば酒類担当者がＯＬ風の女性客から「今度女子会をやるんだけど、どんなお酒がいいかしら」と相談されたら、的確にお客が求める解決策を提供する。

「このスパークリングワインは甘口で女性向けです。またビールだとヤッホーブルーイングの『水曜日のネコ』という缶ビールはパッケージも可愛いし、女性好みの味です」と酒類担当者が答える。

店スタッフが、お客からの質問や相談に的確に応える店が「尊敬される店づくり」である。

「商人の3つの心構え」と誇り高い商人

第3段階の「尊敬される店づくり」に必要なのが「商人の3つの心構え」である。この3つの心構えがあるから、お客からの相談や悩みに的確に応えることができる。

商人の3つの心構えの1つ目が「商品に興味を持つ」である。その商品の用途機能、品質特徴、販促の状況、どんなお客に買ってほしい商品なのか等々に興味を持つのである。

2つ目は「お客に興味を持つ」である。来店して目の前にいるお客はどんな人なのか。どんな生活、どんな買物をしているのか。どんな悩み、不満、要求があるのか。何をしたら喜ぶのか等々に興味を持つのである。

3つ目は「生産性を考える」である。

その商品の売り個数、粗利益高、在庫回転、ロス、値引きは必要か、売場からカットしたほうが良いのか等々である。

われわれは「商人の3つの心構え」を持った店スタッフを「誇り高い商人」と呼んでいる。

また店スタッフが部門の定性目標をしっかりと理解していることも重要である。

ちなみにディスカウント型ＤＧＳは制御型マネジメントであり、本部が情報収集と情報分析と方針立案をする。店スタッフは、本部の指示通りにロボットのように働く。店スタッフは物事を考える必要はない。店スタッフは単なる補充マシンになる。

ディスカウント型ＤＧＳでは尊敬される店は実現できない。すなわちディスカウント型ＤＧＳは「お客が競合店を乗り越えて来店する魅力ある店」にはならない。

2 売場づくりの6つの技術

ハード面の急所はお客が買物に失敗しない売場をつくること

リピート率を高めるための大きなテーマがソフト面とハード面である。ハード面とは、売場、什器、商品、陳列、ＰＯＰ等の目に見えるもののことである。

ハード面の急所は「売場づくりの６つの技術とファーストチョイス商品」である。定番売場とプロモーションスペースを週単位で管理運営する技術であり、ソリューション型ＤＧＳの生命線でもある。例えば年間１００店舗を出店しても、１店１店を魅力ある52週ＭＤで展開する技術である。またお客が買物に失敗しない売場をつくる技術である。

この技術を店長とエリア責任者は磨き上げ、店スタッフ一人ひとりに移植しなければならない。

売場づくりの6つの技術①グルーピング

売場づくりの６つの技術の１つ目が「グルーピング」である。良い売場は、見た瞬間にグルーピングテーマがお客の目と頭に飛び込んでくる。

こうしたお客にとって最も分かりやすくてインパクトのあるグルーピングを「カテゴリー」と呼んでいる。カテゴリー単位で売場運営する方法をカテゴリーＭＤと呼ぶ。

カテゴリーのつくり方は①生活局面によるグルーピング、②買物局面によるグルーピング、③ライフスタイルによるグルーピング、④生産体系によるグルーピングがある。

さらにカテゴリーを小分けして小カテゴリーをつくることで、お客は買物しやすくなる。小カテゴリーMDには単価と粗利益高が改善するというメリットもある。

小カテゴリーのつくり方は、①用途機能、②価格帯、③テイスト、④ブランドブロッキング、⑤年齢等があることは前述した。

特に新しいカテゴリー、新しい小カテゴリーはお客の認知度が低いので、インパクトのある展開が必要になる。

売場づくりの6つの技術② 52週のカテゴリー管理

2つ目が「52週のカテゴリー管理」である。週単位で、カテゴリーの優先順位を把握して、売場の展開方法を変える手法である。

優先順位が高いカテゴリーは客数が多いロケーションでスペースを拡大する。客数が多いロケーションとは、風除室や店の出入口周辺、主通路沿い、レジ前等のことである。

また優先順位が高いカテゴリーは競合店の1・5倍のスペースで展開するのが理想である。競合店よりもスペースが広ければ品揃えを強化できるし、売れ筋の陳列量も増やせるので補充コストも下がる。また魅力的なPOPを付けるスペースも広がるからだ。

カテゴリーの優先順位を決めるルールが以下である。①売上、または市場規模が大きいカテゴリーは優先する、②粗利益高が大きいカテゴリーは優先する、③目的来店性を発揮するカテゴリーは優先する。

優先順位が高いカテゴリーは、リアルタイムで在庫数量をコントロールすることも重要である。

売場づくりの6つの技術③
アイテムの優先順位と在庫数量コントロール6項目

３つ目が「アイテムの優先順位と在庫数量コントロール6項目」である。

カテゴリー、小カテゴリーごとにアイテムには優先順位がある。その優先順位を明確化するのが在庫数量コントロールの6項目である。

在庫数量コントロールで売場効率は天と地ほども違ってくる。店スタッフは在庫数量コントロールを意識しながら、仕事をする発想である。

在庫数量コントロール6項目が以下である。①ファーストチョイス商品（お客を喜ばせ幸せにする高品質商品）、②売り個数ベスト（市場シェアベスト、コモディティ商品）、③粗利益高ベスト、④売上ベスト、⑤伸び率ベスト、⑥カットすべき死に筋である。

売り個数ベスト商品は「安売り集客商品」であることが多いので、基本的には売価は競合店に合わせる。

粗利益高ベストは「店スタッフの給料を稼いでいる商品」なので重要である。しかし意外に見落とすので市場データとＰＯＳデータ等をチェックする。

カットすべき死に筋も大事で、基本的に売場は「１出し、１入れ」である。商品をひとつカットしたら、次の新商品がひとつ入るわけだ。

在庫数量コントロール６項目は、日々の前出し作業や売場づくり作業の中で行う。つまり在庫数量コントロール６項目を考えながら前出し作業を行う。

またカテゴリーＰＯＳデータを定期的にチェックすることと、バイヤーからの指示書を理解することも重要である。

売場づくりの６つの技術④陳列

４つ目が「陳列」である。陳列の合言葉は「売れ筋を発見せよ、売れ筋をドカンと積め、死に筋を早期発見せよ」である。

店スタッフ一人ひとりが売れ筋を発見して、それをドカンと爆発的、飽和的に積むことで視認性を向上して、売り個数を増やす手法である。

次に陳列什器のゴールデンゾーン、デッドゾーンを把握する。

陳列什器のゴールデンゾーンは床から１３５０ｍｍの高さであり、より多くのお客から見やすく取りやすい場所である。ここにファーストチョイス商品と粗利益高ベスト商品をドカンと展開する。

デッドゾーンとは腰下、ひざ下の商品が〝死にやすい〟場所である。ここに売り個数ベスト（市場シェアベスト、コモディティ商品）をドカンと並べる。安売り商品はデッドゾーンで爆発的、飽和的に積む。安ければ売り個数は減らない。

ゴールデンゾーンに積むファーストチョイス商品と粗利益高ベスト商品、デッドゾーンに積む売り個数ベスト商品は、売場づくりの６つの技術の３つ目の「アイテムの優先順位と在庫数量コントロール６項目」に基づいて自動的に発見できる。

つまり在庫数量コントロール６項目をしっかり行っていれば、バイヤーからの指示書を見なくても売場の８割方はつくれるのである。

売場づくりの6つの技術⑤
ファーストチョイス商品の売場づくり、POPづくり

5つ目が「ファーストチョイス商品の売場づくり、ＰＯＰづくり」である。ファーストチョイス商品の売場は2段階で作成する。

第1段階のテーマは目と足を引っ張るである。遠目から目立つ「タワー」でお客の目を引っ張り、「タワー」に付ける「デカＰＯＰ」でお客の足を引っ張る。「デカＰＯＰ」の内容は商品の用途機能やお客の悩みになる。

第2段階のテーマは「最後の50センチ」、つまり買物である。商品の用途機能、品質、特徴を売場づくりとＰＯＰで分かりやすく伝える。

ファーストチョイス商品はお声かけと対面の説明販売も欠かせない。したがって売場の前でのロールプレイングも必要になる。

売場づくりの6つの技術⑥商品構成グラフ

6つ目が「商品構成グラフ」である。安売りの集客商品はしっかりと展開する。価格は競

合店に合わせる。その上で高品質で高単価なファーストチョイス商品を展開して販売活力化する。

ファーストチョイス商品はヘルスケア、ビューティケア、雑貨、一般食品、菓子、パン、酒類等、すべての売場で設定する。

ファーストチョイス商品にはアップグレード商品とアップスタンダード商品がある。高品質なのでリピート率が高い商品である。お得意さまを創る商品なので最重要である。

ファーストチョイス商品は、店スタッフ全員が声かけの言葉、売り言葉を理解習得するのが理想である。

3 ファーストチョイス商品の売場づくり

組織的行動の結果が業績

いくら素晴らしいアイデア、素晴らしい指示があっても、全店、全売場で徹底できなければ意味はない。ＭＤにおいて組織的行動を行う際のチェックポイントが以下である。

第１は、アイデアをＭＤプランに落とし込むことである。

第２は、店スタッフのモチベーションとアドレナリンが上がるＭＤプランと「売場づくり指示書」を作成することである。なお、バイヤーや上長から店スタッフに出すのが「売場づくり指示書」である。

第３は、ＭＤプランと売場づくり指示書を、店スタッフに理解させることである。

第４は、ＭＤプランと売場づくり指示書を、店スタッフに完全作業で実行する能力があることである。

第5は、ＭＤプランと売場づくり指示書を基に作成した売場を、店スタッフ自身の知恵とアイデアで改善する能力があることである。

売場はつくった瞬間から陳腐化する。定番売場にしてもプロモーション売場にしても、完成した瞬間から「売場改善」をしなければならない。

そのために必要な技術が、①売場づくりの６つの技術、②定性目標とディープなカウンセリング、③接客３項目である。

ファーストチョイス商品の売場は出来栄えを優先する

高品質で顧客満足度が高いのがファーストチョイス商品である。お得意さまを創る商品であり、利益貢献度が高い商品なので戦略的に重要である。問題は売るのが難しいということだ。つまりファーストチョイス商品は売場の出来栄えと、カウンセリングの出来栄えが最重要になる。

ファーストチョイス商品の売場づくりでは、自由につくることと、売場づくりの中で店スタッフが自己主張することが重要になる。売場は店スタッフの作品である。

ファーストチョイス商品の販売活力化に必要なことが以下である。

第1は、お客の目と足を引き付けるインパクトある「タワー売場」である。ファーストチョイス商品は需要創造の商品であり、お客からすれば「今日、買わなくてもいい商品」である。お客は買う予定のない商品、立ち寄る予定のない売場は見ない。例えば今晩の夕食を焼肉と決めたら、お客はSMに行っても鮮魚売場は見ない。

したがってお客がついつい見てしまうインパクトのある売場が必要になる。すなわち「タワー売場」である。またタワーによってお客が立ち止まることで、店スタッフによるお声かけとカウンセリングはやりやすくなる。

第2は、短時間で理解できて見やすい、分かりやすいPOPデザインである。ファーストチョイス商品は、今日、買わなくてもいい商品なので、お客は長時間売場を見ない。

ファーストチョイス商品の売場では、5～10秒程度で用途機能、品質、特徴が理解できるPOPデザインが必要である（われわれは「5秒ルール」と呼ぶ）。

第3は、店スタッフ一人ひとりの創意工夫を尊重することだ。また創意工夫するための教育を意識することである。

店スタッフの自己主張気質を育てる

高価格商品の販売では成分と効果効能を記したPOPも説得力になる。実際に使った人の感想文なども説得力を高める。

店スタッフが売場づくりの6つの技術をベースに、売場づくりを創意工夫するのがソリューション型DGSの強みである。

店スタッフは、自分がつくったファーストチョイス商品の売場を「自分の作品」として誇りを持っている。だから、その売場の前で「お声かけとカウンセリング」も楽しくできる。

本部の幹部は、店スタッフが作成したファーストチョイス商品の売場をまずは最高に評価して、尊重して、尊敬する。その後で修正すべき点を具体的に指導する。

ファーストチョイス商品の売場をつくっても、あるいはつくらなくても店スタッフの給料は変わらないのである。つまり売場をつくり、創意工夫したこと自体を最高に評価しなければならない。

ファーストチョイス商品の売場づくりの誤解

ファーストチョイス商品の売場は手書きＰＯＰや装飾が多い。そこで、手間とコストがかかるという誤解がある。

実のところファーストチョイス商品の売場はコストが相対的に低いのである。例えば１回作成したら半年から24カ月程度（販促物が色あせるまで）、売場はそのままなので手間とコストは低い。

数日に分けて計画的に作成すれば、手間とコストはさらに下がる（ただし一夜漬け方式は手間とコスト、残業が増える）。

むしろ特売商品やリベート品は棚替え時に欠品と残品が発生するし、売価変更も必要なのでコストがかかる。

ファーストチョイス商品の売場づくりは前段階で準備をして、ＰＯＰ等を計画的につくり、最後は店スタッフ全員で協力してつくれば時間外労働等もする必要はない。店スタッフ全員で協力することからチームワークも良くなるというメリットもある。

営業幹部によるマネジメント面での施策

営業の幹部は店を訪問する際は、ファーストチョイス商品の売場づくりの成功事例を複数把握して、売場写真も持参する。

営業の幹部は、ファーストチョイス商品の売場づくりの成功例を店スタッフに見せる。また お客の購買を触発する用途機能ＰＯＰや品質特徴ＰＯＰの成功事例を店スタッフに提示する。声かけの言葉と、売り言葉の成功事例、カウンセリング販売のロールプレイングの成功事例も店スタッフに提示する。

営業の幹部によるマネジメント面での施策が以下である。

第１は、ベスト店舗のリアルタイム把握である。売れている事例の研究と全店への波及である。

第２は、ベスト店舗の店スタッフのインタビューと、全店への紹介である。

第３は、ベスト店舗のプロモーション売場の写真、定番売場の写真の解説と、全店への紹介である。

第４は、ワースト店舗のリアルタイム把握である。売れない理由の発見と、対策の実行である。
言葉の目標が定性目標であり、数字の目標が定量目標である。定量目標が業績を実現する。定量目標達成のために店長と営業の幹部は「各店のファーストチョイス商品の実績」をリアルタイムで把握する。特に営業の幹部は「定量目標達成のための具体的施策」を各店のスタッフに分かりやすく提示する責務がある。

一方、目標を達成しない店にやってはいけないことが以下である。

第１は、目標達成のための具体的な施策を提示しないで、営業の幹部がやみくもに「売れ！」とプレッシャーをかけることである。

第２は、目標達成のための具体的な施策を提示しないで、店長と店スタッフを叱責することである。

ちなみにコンクール商品を店スタッフが自腹で購入することを「自爆」という。自爆で定量目標を達成しても、全く意味がない。自爆は企業風土を破壊する。

4 店チームの創意工夫で買い上げ点数と1品単価を上げる

モチベーションを上げる売場づくり指示書

店の実力を表すのは売上、粗利益高、営業利益等の対予算比と対前年比の数値である。しかし同時に買い上げ点数と1品単価も重要である。

売場づくり指示書の目的は以下である。

第1は、店スタッフのモチベーションとアドレナリンを上げることである。

第2は、店スタッフの売場づくりの6つの技術、ディープなカウンセリング、接客の3項目を磨き上げることである。

第3は、ファーストチョイス商品の売り個数を増やすことである。

第4は、顧客満足度を永続的に向上させることである。

第5は、絶対にやってはいけないことを伝えることである。

店チームの創意工夫で買い上げ点数を上げる

ハウスキーピングニーズのワンストップショッピングストアであるＤＧＳの場合、買い上げ点数は極めて重要である。

買い上げ点数の高さは、シェアの高さを意味する。買い上げ点数が少ないということは、需要が競合店に流出していることを意味するからだ。

買い上げ点数を向上するための急所が以下である。

第１は「爆発点ＭＤ」である。

どんな商品でも、定番で１フェースでは売れない。多く積むことで視認性が高まり、売り個数が増える。

図表19は爆発点ＭＤを表したものである。縦軸が売り個数、横軸は陳列数量になる。このグラフでは、陳列数量30個付近で購買が〝爆発〟している。つまり爆発点である。陳列数量80個以上を積んでも売り個数は増えなくなる。つまり飽和点である。この商品の適正在庫は80個ということになる。

店チーム全員で売れ筋を発見して、できるだけ数多くの売れ筋をプロモーション売場に飽和点の数量を積むことが買い上げ点数の向上では急所になる。

同時に「プロモーション売場の売り個数の下位商品」をいち早く発見して、新しい売れ筋と入れ替える。

前述のように、合言葉は「売れ筋を発見せよ、売れ筋をドカンと積め、死に筋を早期発見せよ」である。

買い上げ点数を向上するための急所の第2は、プロモーションスペースの拡大である。スペースを拡大することによって、より多くの売れ筋カテゴリー、売れ筋品目をインパクトのあるかたちで展開できるからだ。

第3は、回遊性を上げることである。主通路を明確にする。壁面ワンウェイコントロールによって部門横断させる。第1マグネット～第4マグネットを計画的に設定する。またプロモーション列を設定してブックストア方

図表19 ◉ 爆発点MD

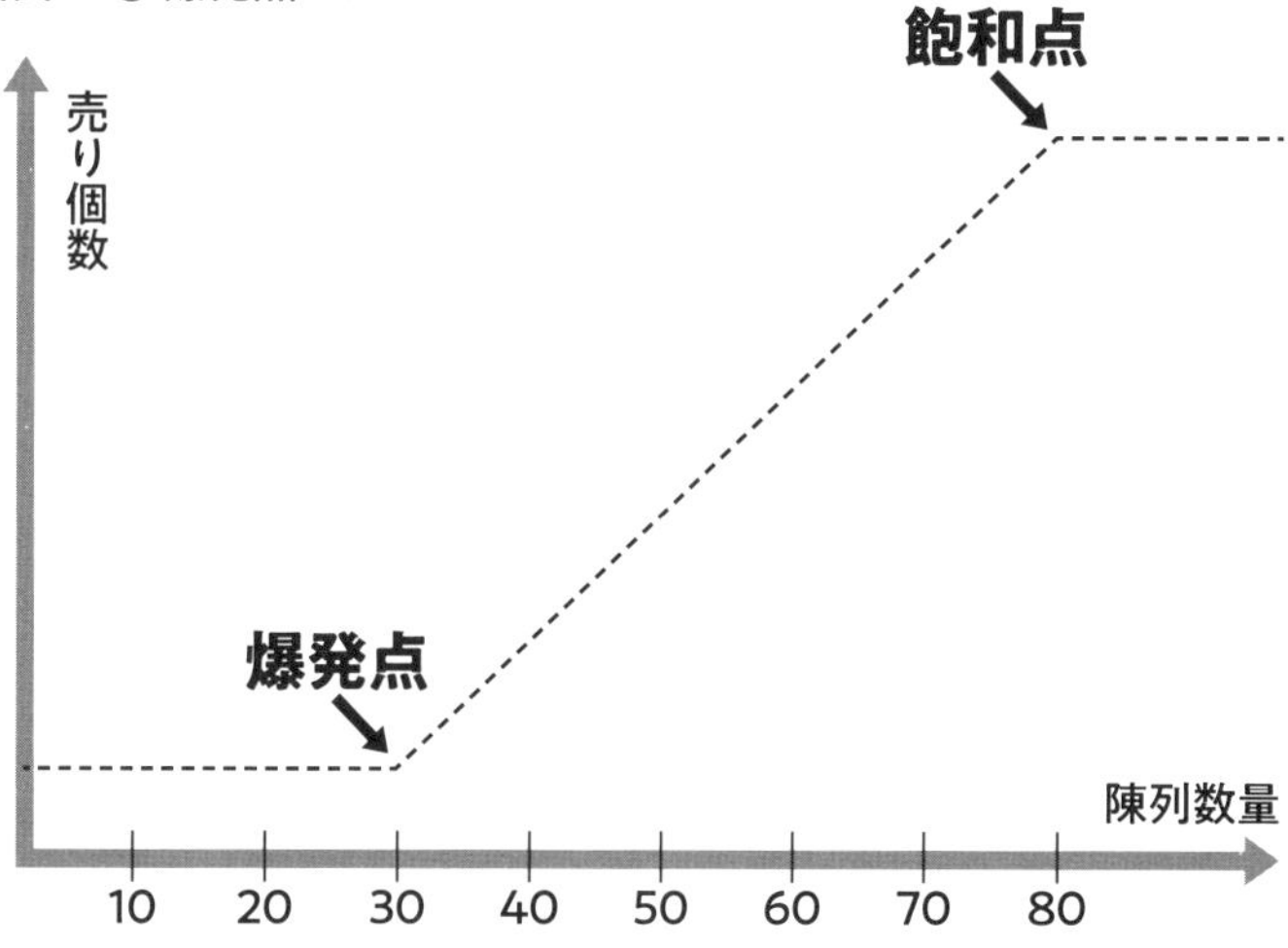

式に取り組むことである。

第4は、店の出入口周辺で世界観を訴求することである。実のところ世界観は重要である。なぜディズニーランドのリピート率は高いのか。ディズニーランドは敷地に入った瞬間から「夢と魔法の国」という世界観が伝わるからだ。

ソリューション型DGSとしての店のイメージ、主義主張、特徴、インパクトを表現したのが世界観である。

第5は、視認性が高い売場の強化である。つまり坪効率が高くなりやすい売場の発見である。例えば風除室、出入口周辺、レジ周り、プロモーションスペース、通行量が多い主通路沿いである。

こうした坪効率が高くなりやすい売場でスペースを拡大して、キャパシティの大きな什器を利用する。それによって数多くの売れ筋の展開が可能になる。

坪効率が高い売場では特に「売場づくりの6つの技術」を徹底する。そして売ることへの徹底したこだわりを持つ。儲からない商品を、儲かる場所にはおかないことも大事なことである。

第6は、グルーピングの訴求である。お客にとって、もっとも分かりやすくインパクトがあるグルーピング、カテゴリーと小カテゴリーで売場をつくる。グルーピングテーマが一日で分かるようにボード等を工夫する。

第7は、カテゴリーの組み合わせである。イメージの相乗効果を発揮する組み合わせ、関連買いを触発する組み合わせ、「ついで買い」を誘発する組み合わせである。

第8は、陳列技術である。グルーピングテーマは縦割りでつくる。そしてゴールデンゾーン、デッドゾーンを理解する。

ゴールデンゾーンにファーストチョイス商品と粗利益高ベスト商品を展開する。デッドゾーンに、売価だけで売り個数が変わる安売り集客商品を展開する。

第9は、プラスワン購買（アップスタンダード）である。プラスワン商品は、メイン商材と同じ視野に入れるように陳列する。また商品の用途機能が一目で分かるようにする。

第10は、サイドネットの活用である。サイドネットは、お客が一目でテーマが分かるようにする。したがってテーマボードは欠かせない。またサイドネット商品は、売り個数が減ったら、すぐに次のテーマに入れ替える。

店チームの創意工夫で1品単価を上げる

1品単価を上げるための第1の急所は、カテゴリーと小カテゴリーごとにファーストチョイス商品を設定して販売活力化をすることである。ファーストチョイス商品とはお客を喜ばせ幸せにする高品質商品であり、リピート率が高くてお得意さまを創る商品である。

第2の急所は、粗利益高ベスト商品を強化して、販売活力化をすることである。粗利益高ベスト商品は、われわれの給料を稼ぐ商品なので極めて重要である。

第3は、新商品の重視である。新商品は単価も高いが、問題はお客からすれば利用体験がない商品であり、売るのが難しいことである。新商品もインパクトのある売場づくりが必要になる。

第4は、カウンセリングの重視である。高価格で高品質な商品はカウンセリングが欠かせない。つまりカウンセリングをしないと1品単価は上がらない。

カウンセリングの強化では、インパクトのある売場づくりによってお客の目と興味を引き付けることが前提になる。その上で声かけとカウンセリングが可能になるからだ。カウンセリングではロールプレイングも重要である。

第5は、Ｈ＆ＢＣ商品ではカウンターが必要になることだ。

お客は立ったまま接客されても、迷ったら買わない。カウンターに座り、おもてなしを受けて、納得のいく説明をされると、迷っても買うのである。

お客がカウンターに座ることで高品質で高単価な商品の購買確率が一気に上がる。カウンセリング化粧品ではカウンターがあるのが当たり前であるが、ヘルスケアでも接客カウンターは必要である。

5 季節商品の在庫数量コントロール

ライフサイクルに合わせた売場展開

ＤＧＳは季節商品が多い。例えばスキンケア、使い捨てカイロ、マスク、殺虫剤、防虫剤、日焼け止め、花粉症薬、年末の掃除用品、鍋つゆ、バレンタインチョコ等々である。これらの商品は、ピーク期にはドカンと在庫を持つが、衰退期にはスムーズに在庫を縮小しないと残品が発生する。

例えば使い捨てカイロは冬には売れるが、夏には売れない。殺虫剤は夏には売れるが、冬には売れない。

殺虫剤にしても、ゴキブリ駆除とコバエ関係は春先から売れるが、エアゾールは梅雨に入ると売れる。8月に入ると蜂と蜘蛛の巣関係が売れてくる。

つまり季節商品は、カテゴリーと小カテゴリーごとに①導入期、②成長期、③ピーク期、④衰退期、⑤見切り期といったライフサイクルに合わせて売場展開をする。そして在庫数量コントロールを行う。

導入期は完全作業で売場をつくらなければ、いい業績は実現できない。成長期は在庫を増やさなければ欠品する。衰退期は適切に在庫を縮小しないと残品が発生する。

ちなみに在庫金額コントロールと在庫数量コントロールは全く違うものである。多くの小売業は在庫金額コントロールを行っている。

例えば売上不振店に対して「在庫金額を減らせ」という指示が本部から出る。しかし在庫金額を減らすと売上高と粗利益高、そしてお得意さまを減らす危険性が増す。

店が在庫金額を減らす場合、単価が低い菓子の在庫を減らしても大した金額は減らない。そこで高単価な売れ筋の在庫を減らすケースがよくある。結果的に高単価な売れ筋の売り個数が減り、売上と粗利益高が低下し、お得意さまも失うことになる。

在庫数量コントロールの6項目が基本になる

売場の運営で最も大事なことはカテゴリーごと（小カテゴリーごと）の在庫数量コントロール6項目である。

売場担当者は、前出し作業をしながら、発注作業をしながら、売場をつくりながらカテゴリーごとの在庫数量コントロール6項目を意識する。

在庫数量コントロール6項目の1つ目は、ファーストチョイス商品である。ファーストチョイス商品とはお客を喜ばせ幸せにする高品質商品であり、わが店が最初にお客にお勧めする商品である。カテゴリーごとに必ずファーストチョイス商品を意識する。ファーストチョイス商品がリピート率が高いお得意さまを創る。また利益貢献度も高い。

2つ目は、売り個数ベスト（市場シェアベスト、コモディティ商品）である。売り個数ベストとは、補充頻度が高い商品であり、市場シェアベストとは世の中で一番人気がある商品である。コモディティ商品とは、購買に際してお客が値段の安さしか見ない商品である。売り個数ベスト商品は最低でも競合店の売価に合わせる。

3つ目は、粗利益高ベスト商品である。これは最重要であるが、意外に見落とすことも多いので、市場データとPOSデータを注意する。

4つ目は、売上ベストである。

5つ目は、伸び率ベストである。DGSは新商品が多い。新商品でも売れる商品と売れない商品にはっきりと分かれる。売れる商品はフェースと在庫を拡大するが、売れない商品は在庫を減らし、場合によってはカットする。

最後の6つ目は、カットすべき死に筋である。売場づくりでは1出し1入れを意識する。

季節商品の在庫数量コントロールの7つの急所

季節商品の在庫数量コントロールは、商品のライフサイクルに応じて行う。

図表20の①は予測である。売場担当者はすでに数年、売場を作成している。過去の経験から、売場担当者はバイヤーからの指示書が来る前に今年のプロモーション売場の内容を予測する。

売場担当者が予測する項目は、テーマとライフサイクル、ロケーションとスペース、商品リストと重点商品、プロモーション棚割り、処分方法、ファーストチョイス商品のPOP、カウンセリング方法（声かけの言葉、売り言葉、ロープレ方法）である。

②は、バイヤーから売場づくり指示書が来たら、売場づくり指示書をよく読んで理解する。自分の予測と、バイヤーからの売場づくり指示書を比較して理解度を高める。あるいは疑問点があったらこの段階でバイヤーに確認する。

③は季節プロモーションの初日である。初日は完全作業で売場が出来ているかを店長が確認する。

④は２週間程度したら、在庫数量コントロールの６項目を基に売場を改善する。つまり「小さなｐｄｃａサイクル」を日常的自発的に回す。

⑤は成長期である。ＰＯＳデータを見て２カ所陳列する商品を発見する。２カ所展開する商品は、ファーストチョイス商品、売り個

図表20 ◉ 商品のライフサイクル

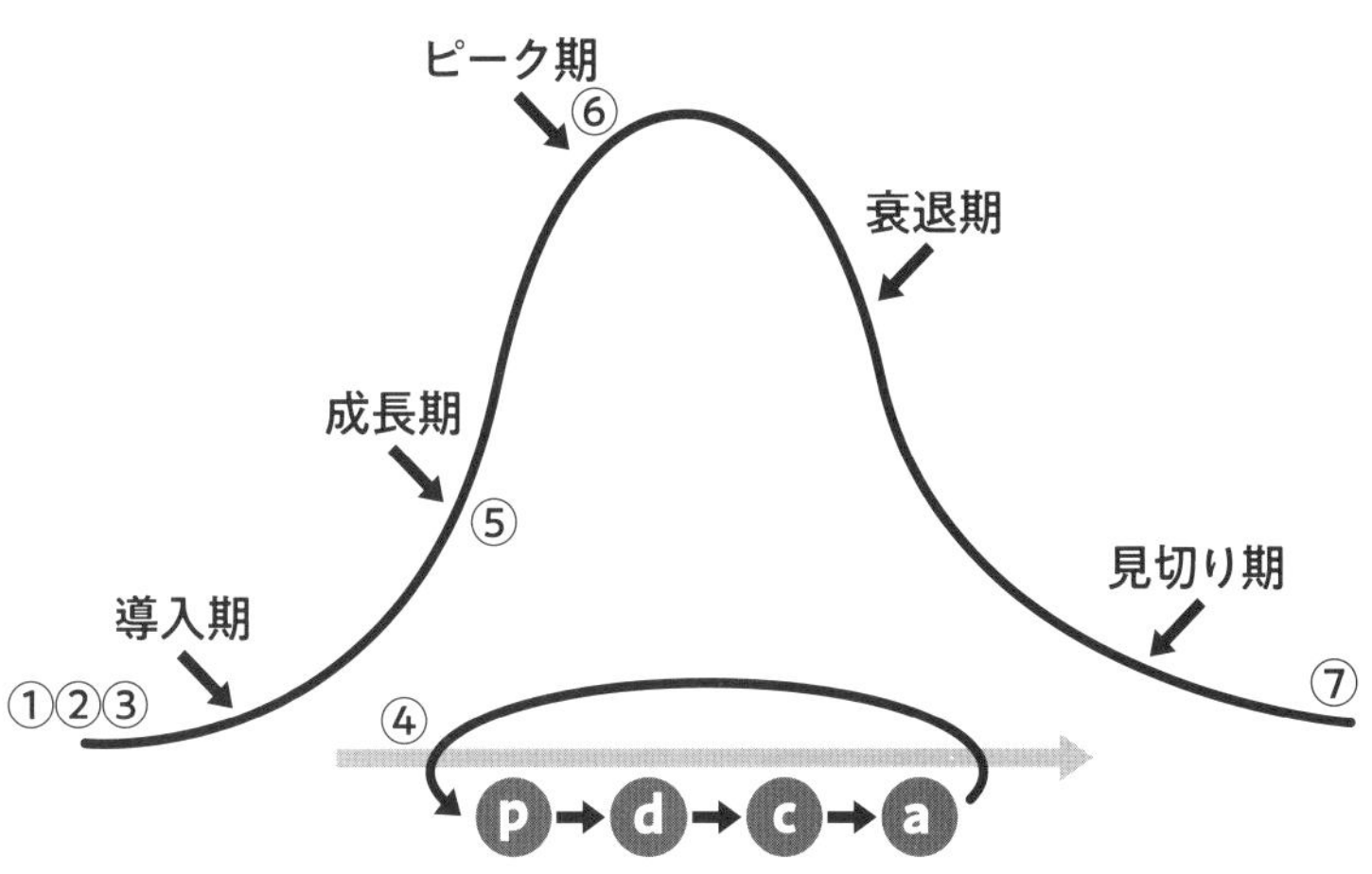

数ベスト商品、粗利益高ベスト商品である。２カ所展開することで、ピーク期における売り個数をかさ上げする発想である。

⑥のテーマは撤収である。ピーク期後半と衰退期前半で行う。つまり、先に発注停止をして売り減らす商品と、最後まで在庫をしっかりと展開する商品を見極める。

先に発注停止して売り減らす商品は、売り個数ワースト商品、売り個数の下落率の大きな商品、高単価商品、返品できない商品である。

最後まで在庫をしっかりと展開する商品は、ファーストチョイス商品、売り個数ベスト商品、粗利金高ベスト商品である。

⑦は、プロモーション売場を完全撤収した後の、定番での在庫の持ち方である。

季節商品のプロモーションコーナーを撤収した後、定番が欠品するケースは意外に多い。例えば春先、使い捨てカイロのプロモーションを撤収したら、定番が欠品するといったことである。

プロモーションを展開する時期と、お客との購買は、若干ずれることがある。したがって、プロモーションを撤収したら定番でファーストチョイス商品、売り個数ベスト商品、粗利益高ベスト商品は在庫の持ち方と、商品の見せ方（フェースとＰＯＰ等）を注意する。特に欠品を注意する。

考えながら日々の作業に取り組む

在庫数量コントロールで大事なことは、前出し作業や発注作業や売場づくり作業を「考えながら行う」ことである。

季節商品だけでなく、日配品や菓子パン等の日々売れ行きが変化するカテゴリーは、カテゴリー特性、ライフサイクル、流行、気温、天気、行事等を考えながら在庫数量コントロールに取り組む。

したがって売場担当者への意識付けが最も大事になる。例えば売場担当者に質問をして、ファーストチョイス商品と売り個数上位商品と粗利益高上位商品は即答できるようにする。また売場担当者に質問をして、売場から最初に外すべき死に筋商品を聞かれたらすぐに答えられるようにする。

そのためには、在庫数量コントロールの６項目をテーマに、エリア責任者と店長が売場担当者と話し合うことを習慣化する。それをＯＪＴの柱にする。

季節商品の在庫数量コントロールを解説したが、その前提は定番売場が確立していることである。定番売場は定期的な棚割りの見直しと、在庫量の確定が必要になる。

6

ファーストチョイス商品の売場づくり＆突き出し陳列

ファーストチョイスの売場はコストが低くて効率が高い

お得意さまを創るのが高品質で顧客満足度が高いファーストチョイス商品である。問題は「ファーストチョイス商品の売場づくりは手間とコストがかかるから、効率的ではない」という誤解があることだ。

実のところファーストチョイス商品の売場はコストが低い一方で坪効率は高い。ここではファーストチョイス商品の売場づくりの急所と突き出し陳列のルール、帯ＰＯＰの効果等について解説する。

繰り返しになるが、ファーストチョイス商品のコンセプトは「お客を喜ばせ幸せにするリピート率が高い高品質商品」である。ファーストチョイス商品にはアップグレード商品とアップスタンダード商品の２種類がある。

ファーストチョイス商品は潜在需要の商品であり、売れればお得意さまを創り利益にも貢献するが、売るのが難しいというハードルもある。売れなければ売上高と利益益高と在庫回転とコストが悪化する。

ファーストチョイス商品の売場づくりで最も大事なことは「売場の出来栄えを優先する」ことである。

売場の出来栄えが良いからファーストチョイス商品の売り個数が伸びるし、また売場の出来栄えが良いからお客が立ち止まり、店スタッフの「声かけ」もしやすくなる。つまりカウンセリング販売もしやすくなる。

ソリューション型ＤＧＳの生命線がファーストチョイス商品である。

以前、ある業界誌の編集者に「需要創造の売場づくりは手間とコストがかかるからダメだと思う」と言われたことがある。実はこれは全くの誤解である。

確かにファーストチョイス商品の売場は、インパクトのある「タワー」を作成したり、創意工夫した魅力的な手書きＰＯＰも数多く付けたりする。手間はかけている。

しかし実のところファーストチョイス商品の売場づくりは、コストが比較的低い。

ファーストチョイス商品は需要創造の商品であり、育成商品なので、売場を一回作成したら半年から24カ月程度（販促物が色あせるまで）、売場はそのままなのでコストは低いのである。さらにファーストチョイス商品は利益貢献度が高い商品なので、坪効率も良い。

ちなみにチラシ特売品やリベート品のほうがコストは高い。特売品やリベート品は商品の入れ替えの時に欠品や残品が発生するし、売価変更や残品処理等のコストがかかるからだ。

問題は、ファーストチョイス商品の売場を「一夜漬け方式」でつくる場合である。一夜漬けで作成すると、作業が集中してしまうので、残業等が発生してしまう。つまり大事なことはファーストチョイス商品のプロモーション売場を計画的に作成することである。

ファーストチョイス商品のプロモーション売場づくりでは、以下の手順が必要になる。
①店長と担当者が話し合って「ファーストチョイス商品の売場づくり計画」を決定する。担当者に丸投げだと、どうしても一夜漬け方式になりがちになる。
②売場の完成した姿を画像で用意する。あらかじめ「見本となる良い売場の写真」を複数用意して、実現すべき売場像を明確にする。この段階で作成するＰＯＰの種類と数が決まる。
③ＰＯＰの作成スケジュールを決定する。作成する全種類のＰＯＰを明確にして、一つひとつのＰＯＰを、いつ誰がどのくらいの時間をかけて作成するかを決定する。つまり作業を平準化する。
④最後に一つひとつのＰＯＰを売場の完成形に組み上げる。ＰＯＰの組み立てでは、担当者以外の店スタッフも協力することが急所になる。この作業によって店スタッフがファース

トチョイス商品への意識を高める。またチームワークを熟成する。

突き出し陳列のルールを明確化する

「突き出し陳列」はしないほうが良いのは当たり前である。突き出し陳列はお客の歩行を遮るし、売場に死角をつくりやすいからだ。

しかし売場が狭くて、定番什器とプロモーション什器に商品が収まらない場合、突き出し陳列をするケースがある。

特に小型店は売場が狭いので、本部からの〝送り込み〟もあり、バックルームにあふれた商品を突き出し陳列することがよくある。

基本的にＤＧＳでは「突き出し陳列は禁止」とされている。もちろんこの指示は正しい。しかし同時に間違えている。

突き出し陳列を許容すると、店のサイドでは無限に突き出し陳列をするようになる。特に業績が不振な店ほど突き出し陳列が増える。

バックルームに在庫しているよりは店頭に積んだほうが作業が楽になるような気がするし、突き出し陳列したほうが買い上げ点数が向上する気がするからだ。

しかし実際は、突き出し陳列をしても作業効率は上がらないし、それほど買い上げ点数も増えない。だから「突き出し陳列は禁止」という指示は正しい。

しかし一方で「突き出し陳列は完全禁止」という指示は間違えてもいる。実はルールさえ決めれば、突き出し陳列は顧客満足と生産性を高めるのだ。

顧客満足と生産性の観点から突き出し陳列して良い商品は以下の3つである。

1つ目は「粗利益高ベスト商品」である。つまりわが社の利益を稼いでいる商品である。この商品は突き出し陳列したほうが店の利益は増える。ひいては企業の営業利益も増える。

2つ目は「ファーストチョイス商品」である。ファーストチョイス商品は高品質で顧客満足度が高く、リピート率が高い。すなわちお得意さまを創る商品である。

ファーストチョイス商品を突き出し陳列しないとお得意さまが増えない。

3つ目は「季節変動指数が大きな商品（シーズン商品）」である。お客がこの時期、この季節、この週、この日に買いたいのが季節商品である。

季節変動指数が大きな商品は突き出し陳列をしないと、お客の買い忘れが多発する。

粗利益高ベスト商品、ファーストチョイス商品、季節変動指数が大きな商品は突き出し陳列をしても良い。

特に年末などはお客の来店頻度も高くなるし、買い上げ点数も1品単価も高くなる。お客の購買意欲が高くなる時期である。

こうした時期は、これらの３つの商品の突き出し陳列は許容する。もちろん、これらの３つの商品以外の突き出し陳列は禁止である。

突き出し陳列する際の注意点が以下である。

第１は、カートを利用するお客の歩行の邪魔にならない展開にする。

第２は、お客が商品の用途機能、品質特徴が分かりやすいＰＯＰにする。

第３は、お客が取りやすい陳列にする。

粗利益高ベスト商品、ファーストチョイス商品、季節変動指数が大きな商品は突き出し陳列をしても良いが、それ以外は「ダメ」ということを店スタッフにしっかりと指導しなければならない。

また、普段から突き出し陳列が多くなりがちな店は、売場面積を拡大して定番スペースとプロモーションスペースの拡大も必要になる。

帯POPの重要性

お勧めしたい商品を色付きの帯で囲って、目立つようにするのが「帯ＰＯＰ」である。

基本的にファーストチョイス商品のような売りたい商品はゴールデンゾーンに展開するが、それができない場合もある。こうした場合は帯ＰＯＰでアピールする。

例えばお客が絶対にセルフで買いたい商品として「デリケートゾーンの皮膚薬」がある。こうした商品は帯ＰＯＰをつけると視認性が高くなって売り個数が増える。

7 販売コンクールの急所

販売コンクールの3つの問題

ＤＧＳでは販売コンクールを行うことが多い。販売コンクールの目的は、①店の販売力の向上、②店チームのモチベーションの向上、③利益の向上等である。特にＨ＆ＢＣ部門は高単価で高粗利益の商品を多く扱うので、販売活力化にはコンクールは必須である。

またファーストチョイス商品は高単価なので、利益貢献度が高い。販売コンクールによって売り個数を増やすことが経営上、極めて有効である。しかし問題もある。それが以下の3つだ。

第1の問題は、コンクール商品の「選定基準の間違い」である。

コンクール商品を「儲かる」という基準で選ぶことは間違いだ。利益率を優先して、何よりリピート率を無視して選定するのは完全な間違いである。

リピート率が低い商品は品質も低い。お客からすれば不満がある商品である。品質が低い商品はお客は二度と買わない。品質が低い商品を売る店にお客は来なくなる。

コンクール商品は品質が高くて、リピート率が高いアイテムを厳選しなければならない。お得意さまを創るアイテムを厳選しなければならない。たとえ利益率が低くても、繰り返し買うので利益貢献度は高いのである。

第2の問題は「売り方の指導の欠落」である。

上長がパワラワ的に「売れ!」と連呼するだけで、具体的な売り方の指導がないのが問題である。店スタッフのモチベーションが下がり、従業員の定着率も悪化する。

上長はコンクール商品の具体的な売り方も指導しなければならない。売場づくりとカウンセリング方法の指導である。

またコンクールがスタートしたらリアルタイムで実績を把握して、売場づくりとカウンセリングについて具体的な対策を講じることも上長の重要な使命である。

第3は「自爆」である。コンクール商品を、目標達成のために店長や店スタッフが自ら購入することを自爆という。

店スタッフが販売コンクールの目標達成のために５０００円の美容液を5個買うとか、１５００円の目薬を10個買うといったことは問題である。自分で消費する分ならば良いかもしれないが、目標達成のための自爆買いは絶対にダメだ。

自爆はパワハラが常態化しているＤＧＳではよく行われている。もちろんコンプライアンス（法令遵守）が当たり前の今日、表立って「自爆しろ」という上長はいない。

しかし、販売コンクール途中の数字が悪い店の担当者を上長が呼びつけ、「売れ！」と頭ごなしに叱責する行為は根強く残っている。つまりパワハラである。

結果、担当者は耐えかねて自爆をするのである。店スタッフの自爆によって得た営業利益など、どんな価値があるのだろうか。

パワハラによって店スタッフをおとしめ、傷つけ、そして収入を奪う「上長による自爆の誘導」という行為は最悪である。店スタッフは上司の家来ではない。店スタッフは株主の奴隷ではない。

われわれは、ファーストチョイス商品の販売活力化に取り組んでいる。店組織の活力化に取り組んでいる。これら3つは絶対にダメだと徹底しなければならない。

販売コンクールの商品選定の急所

販売コンクールの商品を選定する基準は以下の3つである。

第一は「品質からの選定」である。高品質で、顧客満足度が高くてリピートする商品を選定する。品質で選択する場合、原価は考えない。原価が高くて儲からない商品であっても、品質が高くてリピート率が一番高い商品を選定する。

例えば医薬品であれば、効果効能が一番高い高品質商品である。化粧品であれば、女性が期待する以上にきれいに華やかにセクシーになれる高品質商品である。洗剤であれば、ビックリするほど汚れが落ちる高品質商品である。食品であれば、美味しくて「また食べたい！」と思う高品質商品である。

第2は「ブランド力からの選定」である。お客から尊敬されて明確な目的来店性を持っているNB商品を発見、優先する。

マスマーケティングや、過去の実績からお客が認める有力ブランドを優先する。化粧品や洗濯洗剤などはブランド力による選択が効果的である。

第3は「取引条件からの選定」である。原価が安いとか、返品できるとか、リベートが出るといった条件で決める。

基本的に品質や特徴に大して差がない場合は、取引条件の良い商品を優先する。医薬品や化粧品などは取引条件による選択が効果的である。

販売コンクールにＰＢ商品を選定する際の注意点

販売コンクールにＰＢ商品を選定する企業も多い。その場合は、ＮＢ商品よりも品質が高いＰＢ商品を選定することが重要である。

従来ＰＢ商品は「売れ筋のＮＢ商品に姿かたちが似ていて、品質は劣るけれども原価が低いので儲かる」というものが大半であった。つまり〝ＰＰ〟である。しかしこの発想はすでに時代遅れである。リピート率という視点が抜けているからだ。

いまだに「原価が安くて、儲かるＰＢ商品が正しい」という常識が蔓延している。しかし原価が安いということは品質も低い。顧客満足度が低いリピートしない商品である。

競争があまりなく、そして人口が増加している時代であればリピート率はあまり問われない。たとえ品質が低い商品であっても、年々商圏人口が増えて有り余るお客がいるのだから売り個数も増える。

人口減少時代では、一人のお客に繰り返し買ってもらうことが商品開発の急所になる。したがってＰＢ商品も品質の高さが求められる。

ＰＢ商品は、品質の永続的な改善も必要である。従来のＰＢ商品はつくりっぱなしであった。しかしお客の要求は常に進化している。競合商品も常に進化している。したがって高品質のＰＢ商品であっても定期的に経費をかけてリニューアルし、品質を改善、向上しなければならない。

家族にされて腹が立つことがパワハラとセクハラ

日本人は集団同調気質が強い。これは組織に合わせる気質なので、悪いことではない。決められた事を実行するのが集団同調気質なので、組織運営には欠かせない。

しかし集団同調気質には「副作用」も発生しやすい。集団同調気質には、組織の意向や、上長の命令に言われるままに従う部分がある。

上長からすれば、部下が黙って自分の命令を聞くのである。つまり上長と部下で完全な上下関係が確立してしまう。完全な上下関係は、支配関係に陥りやすい。

愚かな上長は「部下を支配する」ことを、マネジメントと勘違いしてしまう。結果、そうした組織ではパワハラとセクハラが当たり前のように行われる。

恐ろしいのは、愚かな上長には「パワハラとセクハラをしている自覚」がないことだ。つまりパワハラとセクハラが社風になってしまっている。

コンプライアンスが強調される世の中になった。しかしパワハラとセクハラに馴染んだ組織と上長は「自分の行為はパワハラやセクハラではない」と思い込んでいる。

そうした上長には「自分の家族にされたら腹が立つことがパワハラとセクハラだ」と考えてほしい。

指導力に自信がない人ほど、パワハラをしがちだ。パワハラでは業績は良くならない。パワハラでは人と組織は幸せにならない。

販売コンクールでは、パワハラではなく、リーダーシップで組織を活力化する。

第9章

既存店活力化の手法とヘルスケアソリューション

1 危機と向かい合った時の行動

危機と向かい合った時の３段階の行動

ＤＧＳの世界は諸行無常である。盛者必衰である。20年前の業界売上高ランキングと、今は全く違っている。

人口減少時代になった。つまり生き残りをかけた戦いがはじまった。ＤＧＳは危機と向かい合った時の行動によって、生き残るかどうかが決まってくる。

ＤＧＳ企業は危機と相対すると、否認⬇思考⬇組織的行動の３段階で行動する。衰退するＤＧＳ企業は、このどこかの段階で失敗している。

第１段階は「否認」である。危機的状況に陥っているのに、それを認めない。これは成功体験が強烈な企業に多い。

つまり「今までこれで良かったのだから、問題はないはずだ」とか「今までこれで成功してきたのだから、何とかなるだろう」といった思考である。

わが社が危機的状況に陥っているのを認めない。否認のまま、業績が悪化して取り返しがつかなくなるＤＧＳ企業は少なくない。否認で終わるＤＧＳ企業は、経営トップが傲慢なことが多い。つまり経営トップが「おれが間違えるはずがない。おれは頭がいいので失敗するはずがない」と成功体験に埋没している。

第2段階は「思考」の段階である。わが社には問題がある。危機的状況に陥っていると認識して、危機を脱するための施策を思考する段階である。

危機を脱却するための、具体的で合理的な対策を思考する。しかし思考で失敗するＤＧＳ企業もある。危機を脱するための「思考＝対策」の内容を間違える企業である。思考で失敗する企業の原因は経営幹部にある。つまり思考を担当する経営幹部の能力不足である。

第3段階は「組織的行動」である。組織的行動の結果が業績である。どんなに素晴らしい思考＝対策を立案しても、それを全従業員が完全作業で実行しなければ意味がない。

組織的行動のキーマンが中堅幹部である。したがって組織的行動で失敗するＤＧＳ企業は中堅幹部にリーダーシップが欠落している。

中堅幹部に、企業の隅々まで危機を脱するための対策を徹底するリーダーシップが欠落していると「組織的行動」ができない。

どんなＤＧＳ企業も、常に危機と向かい合っている。

成長するＤＧＳは経営トップが否認しない。

成長するＤＧＳは経営幹部が情報収集を心がけて、正しい思考をする。

成長するＤＧＳは中堅幹部がリーダーシップによって、組織的行動を徹底している（参考文献：アマンダ・リプリー著『生き残る判断 生き残れない行動』）。

ＤＧＳ企業がダメになるのは競争の影響ではない。大企業病による自滅が大半である。

大企業病とは、前例主義、自己保身、そして傲慢さのことである。

今、成長しているＤＧＳ企業も、停滞しているＤＧＳ企業も、消滅してしまったＤＧＳ企業も、一昔前は「横並び」であった。

継続的に成長するＤＧＳ企業は、大企業病を意識して排除している。すなわち新しいことに果敢に挑戦している。経営幹部が自己保身を排除している。知識の習得に貪欲で、謙虚に学ぶ社風が根付いている。

逆に衰退し、消滅したＤＧＳ企業は、誰がみても一目で分かる大企業病であった。すなわち過去の成功体験に埋没していた。経営幹部に自己保身が染み付いていた。結果、新しいことには挑戦しなかった。わが社が一番優秀で、他人、他社から学ぶことなどないと思っていた。大企業病の恐ろしいところは「本人は気が付いていない」ことだ。自分は大企業病ではないと思い込んでいる。

大事なことは「自分は大企業病に侵されていないか」と、常に自問することである。

ソリューション型ＤＧＳの社風をつくるのは「自律型マネジメントと自己主張気質」である。自律型マネジメントの特徴は、店スタッフ一人ひとりが定性目標を意識して、知恵とアイデアを出し合って創意工夫することである。その結果、売場は日々バージョンアップして、生き生きとした動的な魅力を発揮する。

自律型マネジメントのために会社は店スタッフに対して「知的好奇心を育てる教育」を意識する。

ソリューション型ＤＧＳの教育では、①売場づくりの６つの技術、②定性目標とカウンセリング、③接客３項目が急所になる。

そしてソリューション型ＤＧＳでは、集団同調気質と自己主張気質のバランスをとることも重要になる。

集団同調気質は「決められた事を実行する気質」であり、就業規則を守るとかマニュアルを徹底するといったことなので、組織運営の基盤になる。

自己主張気質は「新しいことに果敢に挑戦する気質」であり、需要創造やファーストチョイス商品の販売活力化、売場のバージョンアップには欠かせない。つまり自己主張気質は、顧客満足度と売場生産性を高めるためには必須である。

恐ろしいことだがソリューション型ＤＧＳの社風は、いとも簡単に壊れる。ソリューション型ＤＧＳの社風を破壊するのは、勘違いした幹部や中堅幹部による「制御型マネジメント」である。

制御型マネジメントを別名「抑圧型マネジメント」とも言う。制御型マネジメントでは、上長は店スタッフに対して一方的に命令をする。

例えば「あれをするな。これをするな。手書きＰＯＰや手づくりの販促物は捨てろ。はみ出し陳列は全部やめろ」と、ダメを連発をする。店スタッフ一人ひとりの創意工夫を一方的に否定する。

上長からすれば、店スタッフを教育するよりも、頭ごなしに命令したり、強制的に従わせたり、否定したほうが楽だからだ。

制御型マネジメントでは、店スタッフは「上長の道具」あるいは「効率を上げるための道具」でしかない。つまり制御型マネジメントは店スタッフの商人としての人格を全否定する。

その結果、売場は破壊されて、どんどんつまらなくなる。店スタッフのモチベーションとアドレナリンは破壊され、誇り高い商人が消滅して、上長のご機嫌ばかりを窺うヒラメ社員ばかりになる（ヒラメの目は上を向いている）。

こうなったら取り返しがつかない。業績が悪化して、企業そのものが消滅する。

つまりソリューション型ＤＧＳの敵が制御型マネジメントである。

問題は、企業規模が大きくなると、経営幹部が「当社も大企業になった。大企業としての階層組織をつくり、命令系統を徹底する。上下関係を明確にする」といった発想に陥りやすいことだ。例えば店側にたくさんの報告書の作成を求めることで、顧客満足よりも管理が主語の組織風土になってしまうのである。

一部のエリート幹部が権力と命令によって店スタッフを制御するのが制御型マネジメントである。店スタッフをロボットのようにコントロールする。これでは売場は良くならない。需要創造はできない。

ＤＧＳの店舗運営で大事なことは、①薬機法（旧薬事法）や消防法や労働基準法といった法律を厳守すること、②安全・安心を徹底すること、③売場づくりの6つの技術を磨き上げること、④顧客満足と生産性について徹底的に考えること、⑤店スタッフ一人ひとりの個性と人生を尊重することである。

ソリューション型ＤＧＳの社風をつくるのが「自律型マネジメントと自己主張気質」である。良き社風を破壊してはならない。

2 既存店の活力化に取り組む

既存店活力化の仕組みの延長に赤字店対策がある

店と売場はつくった瞬間から陳腐化する。つまり既存店の活力化は、日々の作業に組み込むことが急所になる。日常的に売場をバージョンアップさせる発想である。赤字店対策も既存店活力化の延長にある。

日々の作業の中に既存店を活力化する仕組みがないと、赤字店が増加して企業の業績が悪化する。業績が悪化している企業は既存店活力化の仕組みが機能していないと考える。

赤字店が企業の業績の足を引っ張っている。業績好調な店の利益を、赤字店が食いつぶしている構図である。赤字店対策は早急な課題である。

業績が悪化しているDGS企業の特徴が以下である。

①赤字店の増加

②店の年齢（＝店舗年齢）が高い店、適正規模ではない店の放置
③既存店を日常的にバージョンアップする仕組みの欠落
④業態と合わない立地、家賃が高すぎる立地への出店
⑤新店の黒字転換の遅さ
⑥赤字店の根本原因の放置

新店と既存店では、当たり前ではあるが既存店のほうが店数が多い。つまり大多数の既存店の業績が改善しなければ企業の業績は向上しない。既存店の活力化は仕組みとして根付かせる必要がある。

ちなみに赤字店の対策がうまくいっていないDGS企業の特徴が以下である。

①赤字店の原因の追究が甘い
②赤字店対策の現場（エリア責任者や店長）への丸投げ
③赤字店対策の仕組みの欠落
④既存店を定期的にバージョンアップする仕組みの欠落

赤字店対策は、経営トップの責任の下に、企業全体で取り組まなければ成功しない。現場でできる対策は一部なのだ。赤字店対策を現場に押し付けると店スタッフのモチベーションが低下し、優秀な従業員から辞めていく。

コスト削減だけでは既存店は再生しない

多くのDGSで行われている「間違えた赤字店対策」が以下である。

第1は、コスト削減のための品目数の絞り込みである。これは品種の欠落、用途機能の欠落、品目の欠落、生活カバー機能の欠落といったマイナス作用をもたらす。つまりワンストップショッピング機能を低下させる。

第2は、コスト削減のための在庫の縮小である。これは欠品と店舗作業の増加といったマイナス作用をもたらす。

第3は、コスト削減のための潜在需要の高品質商品のカット、あるいは極端な在庫の絞り込みである。結果、どこでも売っている生活必需品の安売りしかない店になる。

第4は、コスト削減のためのプロモーションスペースの縮小である。結果、年間52週でお客の生活変化に対応するジャストインタイムな売場がつくれなくなる。

第5は、コスト削減のための機械的な人時数の削減と労働強化である。これによって店では長時間労働やサービス残業、有給休暇が取れないといった問題が起きる。結果、店スタッフのモチベーションが低下して、離職が増える。

第6は、コスト削減のための従業員教育のカットである。世の中は進化している。商品とマーケットも進化している。その進化に対応して店スタッフも進化しなければならいない。しかしそのための教育をカットしている。専門知識を持った店スタッフが育たないといった問題が起きている。

第7は、ＰＢ比率の追求である。これまでも何度か述べたが、ＰＢではなく、大半が〝ＰＰ〟である。ＰＰは発売当初が売り個数のピークであり、あっという間に売り個数は減る。ＰＰ商品の売り個数アップを追求すると、お客のリピート率が低下する。

最大の問題は赤字店対策が「コスト削減だけ」になっていることだ。人口減少時代はコスト削減しても売上高と利益は増えない。

またコスト削減策の大半は、お客に迷惑を強いるものであり、顧客満足から遠ざかるといった致命的な問題もある。

小売業の損益計算書のコスト項目で大きいのは人件費なので、人件費をカットすれば利益が増えるという発想ではダメだ。顧客満足と生産性の向上からかけ離れた対策になる。

人口減少時代における赤字店対策では、コスト削減よりも「顧客満足をテーマにした機会損失対策」を優先すべきである。店頭における売り逃し、儲けそこないは大きい。これを解決することが、既存店活力化と赤字店対策の主軸になる。

会議室で数字だけを見て対策をしてはダメだ。商圏、お客、業態コンセプト、ＭＤを知らない人間が、数字で対策を決定しているようではダメだ。

既存店の活力化と、赤字店対策では人材育成こそが大事になってくる。リストラは企業の5年後を保証しない。

既存店の活力化は現場主義で行う

小売業の場合、管理型の改革は失敗する。ちなみに会議室で、現場を見ないで数値を分析し実行するのが管理型である。管理型ではコスト削減を中心とする縮小均衡に陥る。現場を知らない管理型の改革によって現場が混乱し、業績がさらに悪化するケースはよくある。

既存店の活力化、そして赤字店対策の前提は以下である。

第1は、売場の実情を把握した上で改善に取り組むことだ。売場の現実を目で見る。店スタッフの能力レベルを把握する。店スタッフのモチベーションを把握する。その上で改善策を立案する。

第2は、来店しているお客の生活、買物を把握することだ。ハウスキーピングニーズのベーシックゾーンマーケット（顕在需要の生活必需品）とスペシャリティゾーンマーケット（潜在需要の生活向上品）の把握である。それによって取りこぼしているマーケットを発見して、機会損失対策とする。

ベーシックゾーンマーケットを把握するには、市場データやPOSデータ等の情報が必要になる。

スペシャリティゾーンマーケットの把握では、一次情報を活用する。つまり、来店して目の前にいるお客を喜ばせ幸せにするために、バイヤーと店スタッフ一人ひとりが街中に出て、自分の目で見て、自分の頭で考えて、そして新しい売れ筋を発見して売場で展開する発想である。

第3は、戦略と業態、MDコンセプト、作業動作の論理体系を明確にすることだ。MDをPDCAサイクルで回すための技術である。

第4は、数字の変え方を理解することだ。売場の数字は分解する。店舗間で比較をする。市場データと比較する。問題を発見する。目標を設定する。数字の変え方を考える。改善策を実行して、検証と対策につなげるといったことである。

第5は、皆が既存店活力化の主人公になることだ。店スタッフ一人ひとりが自分自身で考え、実行して検証するからモチベーションがあがる。店スタッフ一人ひとりが活力化の主人公になるように役割分担する。

既存店の活力化のステップ

既存店の活力化は、本部からのトップダウンだけでは機能しない。店スタッフ一人ひとりを巻き込むことが急所になる。

人は、自分自身で決めたことは楽しく続けることができる。店スタッフ一人ひとりが自分で目標を決めて仕事に取り組む自律型マネジメントの確立も必要である。

既存店活力化、赤字店対策のステップが以下である。

第1は、定性目標と定量目標を明確にする。そのための業務内容を明確にする。

第2は、現在の売場実態と作業内容を明確にする。

第3は、問題点を明確にする。問題解決の具体的な手法を検討する。

第4は、問題の優先順位を決定する。問題解決の手法を決定する。

第5は、効果が大きなテーマから取り組む。取り組みがスタートしたらリアルタイムマネジメントを心がける。

既存店活力化では、売場の改善だけでなく、バイヤー作業の見直し、店作業の見直し、マネジメントの見直し、戦略の見直し等も必要になる。

既存店活力化は、ある期間だけ取り組むことではない。店を開店した瞬間から、日常的に取り組む。店は開店した瞬間から、売場はつくった瞬間から陳腐化するからだ。

既存店の活力化では、経営層が取り組むこと、バイヤーが取り組むこと、店スタッフが取り組むことに分けて考える。またスケジューリングに落とし込むことも急所になる。

経営層が取り組む既存店の活力化作業

経営層の役割は、会社組織全体が日常的に売場改善に取り組む仕組みを確立することである。経営層が取り組む既存店活力化の手順が以下である。

第1は、人口減少時代に対応した戦略の確立である。

過去20年間の安売り合戦によってベーシックゾーンマーケットの単価と粗利益高は低下している。また人口減少時代では、ベーシックゾーンマーケットそのものが縮小する。したがってベーシックゾーンマーケットに加えて、スペシャリティゾーンマーケットへの挑戦が必要になる。生活向上品としてのアップグレード商品とアップスタンダード商品への挑戦である。アップグレード商品とアップスタンダード商品の中からわが社が「お客を喜ばせ幸せにする高品質商品」として厳選して、一押しで販売活力化するのがファーストチョイス商品である。ヘルスケア部門、ビューティケア部門、雑貨部門、一般食品部門、酒類部門の、数多くのカテゴリーでファーストチョイス商品を設定して販売活力化に取り組む。つまり需要創造ＭＤの確立である。

第２は、需要創造ＭＤに必要な人材の育成である。具体的には集団同調気質と自己主張気質のバランスがとれた人材の育成である。集団同調気質のためには「作業動作を徹底する訓練」を行う。自己主張気質のためには「知的好奇心を育てる教育」を行う。

第３は、需要創造ＭＤに必要な自律型マネジメントの確立である。

情報化社会の進展と消費の高度化、多様化の時代、本部のバイヤーの指示だけでは顧客満足度が高い売場はつくれない。

日々、お客と正対し、商品を触っている店スタッフのほうが正しい情報を持ち、正しい判断をすることのほうが多い。店スタッフ一人ひとりが定性目標と定量目標の下に、日常的自発的に売場改善に取り組むのが自律型マネジメントである。

第４は、需要創造ＭＤに必要な人事制度の確立である。労働法を守ることは当然であり、有給休暇も全消化を目指す。評価制度も重要で、店頭において顧客満足度が具体的に向上したことを評価する。給料も上げる。

第５は、社風の確立である。経営トップ、経営幹部が現場とのコミュニケーションを心がける。店スタッフ一人ひとりのモチベーションが高い、店スタッフ一人ひとりに必要な教育訓練がしっかりとできている、店スタッフ一人ひとりに「考えて作業」する習慣が根付いている、どんなことでも話し合う習慣がある、必要とする数字が正確、すべての物事を現場ベースで考える等々である。

バイヤーが取り組む既存店の活力化作業

ＭＤにおけるバイヤーの役割は「目標設定とＭＤプランの作成」である。ＭＤプランとは、①ストアプラン、②定番棚割り、③販促プラン等のことである。

バイヤーは、既存店の活力化をテーマにＭＤプランを日常的に見直す。以下が手順である。

第１は、定性目標の確立と徹底である。定性目標がなければファーストチョイス商品はひとつも売れないからだ。店スタッフ一人ひとりが定性目標を理解するようにコミュニケーションを心がける。

第２は、定量目標の決定と、そのためのリアルタイムマネジメントである。定量目標の達成率のベスト店舗とワースト店舗の把握、リアルタイムでの対応である。

第３は、ベーシックゾーンマーケットにおける機会損失対策である。そのためには市場データやＰＯＳデータ等を活用する。売れ筋の見落としや、品揃えの欠落を発見する。

第4は、スペシャリティゾーンマーケットにおける機会損失対策である。つまり来店して目の前にいるお客を喜ばせ幸せにするアップグレード商品とアップスタンダード商品を発見する。そしてその中からファーストチョイス商品を設定して、売場づくりとカウンセリング販売のプランを作成する。

第5は、これらのことをストアプラン、定番棚割り、販促プランに落とし込むことである。

店スタッフ一人ひとりが取り組む既存店の活力化

ソリューション型DGSでは、バイヤー作成のMDプランの完成度は6割程度と考え、残り4割は店スタッフの日常的自発的な売場改善で積み上げる。

つまり既存店の活力化の主役は店スタッフ一人ひとりである。店スタッフによる既存店活力化の手順は以下である。

第1は、担当する部門の定性目標と定量目標を理解する。

第2は、売場づくりの6つの技術から、売場で改善すべきところを発見する。

第3は、売場の改善すべきところを発見したらスケジュールに落とし込む。予算化する。

第4は、売場の改善すべきところを、売場づくりの6つの技術で改善する。

第5は、売場を改善した後、お客の買物の仕方と数字から検証して、問題が発見できたら再度修正する。

第6は、リピート率を向上するソフト面とハード面の取り組みを意識する。

既存店活力化の中核となるのが、店スタッフへの教育訓練である。企業業績と人材の能力は比例するからだ。

こうした既存店活力化の手順を説明すると「わが社の店スタッフではできない」という人がいる。これは間違いだ。できないのではない、教わっていないのだ。実務に役立つ教育をしていないのだ。

既存店活力化ではソリューション型ＤＧＳとしての論理体系の確立と、共通言語とコミュニケーションが欠かせない。そして論理体系をベースにした技術と作業動作の訓練と教育が欠かせない。すなわち既存店活力化に役立つＯＪＴ、Ｏｆｆ―ＪＴ、自己啓発が必要になる。

既存店活力化は以下の４つのタイプに店を分けて行う。

第１のタイプは、現行の定番とプロモーションの活力化で効果が見込める店である。コストがかからず、リスクもない。したがって３６５日、店スタッフ一人ひとりが日常的自発的に取り組む。

作業内容は①定番棚割りの見直し、②プロモーションスペースの拡大、③売場づくりの６

つの技術の磨き上げと実行、④店スタッフのモチベーションとアドレナリンの重視等である。

第2のタイプは、小規模な売場変更で効果が見込める店である。コストが小さく、リスクも小さい。具体的にはストアプランの小規模な変更である。優先順位が高いカテゴリーを客数が多いロケーションに移動、定番とプロモーションのスペースを拡大する。

第3のタイプは、中規模な売場変更で効果が見込める店である。コストが中ぐらいで、リスクも中ぐらいになる。具体的には主通路と什器レイアウトの変更、ゾーニングとレイアウトの変更等である。

第4のタイプは、大規模な売場活力化で効果が見込める店である。コストが大きく、リスクも大きい。具体的には増床するとか、より便利で広い立地にリロケーションして、より大きな店をつくるとか、新しい部門やサービスを導入するといったことである。

1～4タイプの既存店の活力化をスケジューリングするには、月次で店舗別経常利益ランキングを作成することも必要になる。内容は、開店した年月、経常利益、労働分配率、売上高と伸び率、粗利益高と伸び率、客数と伸び率、1品単価と買い上げ点数、投資回収の状況等になる。これらの実績数字から、店ごとに4つのタイプに当てはめていく。

３　データ分析とシステム化

初期は手作業でデータ分析に取り組んだ

システムとはＩＴのことではない。システムとはその企業の思想であり、その企業の実務の論理体系である。思想と論理体系を組織の隅々までが理解して、有機的に活動するための仕組みがシステムである。

１９８０年代、小売業でまともなデータ分析をする企業はなかった。唯一、イトーヨーカ堂だけがＰＯＳデータを基に業務改革に取り組んでいた。

イトーヨーカ堂が最初に取り組んだのが部門単位での生産性分析である。つまり売上高と粗利益高が基準に達しない部門を、部門ごとカットしたのである。例えばＤＩＹ、園芸、ペット、ベビー、カー用品等である。

ちなみに、これらカットされた部門の受け皿となったのがＨＣであった。地価の安い郊外で大型店を展開していたＨＣは損益分岐点売上高が低かったので、坪効率が低い商品カテゴリーも展開できたのである。結果、ＨＣは「ノンフーズのワンストップショッピングストア」として伸長した。

次にイトーヨーカ堂が取り組んだのが単品管理である。部門ごとに徹底的に死に筋をカットして、売れ筋のフェースと在庫を拡大することで坪効率を高めたのである。

ちなみにこの頃、データ分析をするＤＧＳは皆無であった。

当時は、卸売業やメーカーが「売れている！」とアピールする商品や、テレビＣＭが多くて売れそうな商品や、ベンダーが条件を出す商品を中心に展開していた。大した競争がなかったので、この程度の売場づくりでも充分に売れたし儲かったのである。

しかし「これではダメだ、データ分析は必要だ」という意見も出てきた。問題は当時のＰＯＳシステムでは有効なデータ分析ができなかったことである。

最大の問題がＰＯＳのグルーピングであった。ＰＯＳの商品マスターのグルーピングが売場と連動していないので、売場の生産性を正確に把握できなかったのである。

１９９０年代前半のことである。あるＤＧＳ企業のＰＯＳの商品マスターは13分類しかなかった。このうちの12分類が医薬品と化粧品で、残りの１分類に雑貨も文具もペットフードも一般食品も菓子も酒類も入っていたのである。これでは売場効率は分析できない。ＰＯＳ

データによる売れ筋発見も死に筋発見もできない。

そこでわれわれは１９９０年代後半、手作業でＰＯＳデータを分析した。グルーピング単位（カテゴリー単位）の売場の生産性を研究したのである。

この時に行った作業が以下である。

カテゴリーごと、さらには什器１本ごとの売上高と粗利益高を手作業で集計する。そしてレイアウト図に色分けして書き込んだのである。

例えば売上高が大きいカテゴリーを青色、売上高が低いカテゴリーを赤色、中間を黄色とする。同じように粗利益高が大きいカテゴリーを青色、売上が低いカテゴリーを赤色、中間を黄色とする。つまり視覚的に売場効率が分かるようにしたのである。

売上高と粗利益高が青色のカテゴリーは「交差比率が高いカテゴリー」として優先する。逆に売上高と粗利益高が赤色のカテゴリーを縮小するかカットを検討したのである。

するといろんなことが分かってきた。例えばキャンディや大袋菓子、タバコは儲かるとか、目薬は「ついで買い」が多いので、客数が多いロケーションに展開すると儲かるといったことである。

カテゴリーPOSデータの活用と限界

今世紀に入ると、ＤＧＳ企業はＰＯＳの商品マスターを、売場分類と一致させることに取り組んだ。

売場はカテゴリー単位でつくられている。ＰＯＳの商品マスターを、売場のカテゴリー単位にすることで売場生産性を正確に把握できるようにしたのである。

ＩＴの進化もあり、最近10年間でデータ分析の精度が著しく向上している。最近ではＩＤ付きＰＯＳデータの活用も一般化している。

しかしデータ分析の高度化に伴って以下の問題も発生している。

第1は、データ分析が高度化した結果、わが店も競合店も「似たような売場」になってしまったことだ。

今の時代、データ分析をすればするほど、わが店も競合店も売場が同じになる。部門構成、カテゴリー構成、品種構成、用途機能構成、品目構成、そして売れ筋の展開等が同じになる。結果、競争軸が「安売り合戦」だけになる。

第2は、データでは過去しか分からないことだ。データ分析がいくら進化しても、今と未来は分からない。

ベーシックゾーンマーケット（顕在需要の生活必需品）はデータ分析で把握できる。しかしスペシャリティゾーンマーケット（潜在需要の生活向上品）はデータでは把握できない。

スペシャリティゾーンマーケットは潜在需要であり、言ってみれば未来のマーケットなのでデータそのものが存在しないからだ。

20年前と今では「優秀な社員の仕事」が全く違ってきている。20年前は、優秀な社員は創意工夫して手作業でデータ分析に取り組んだのである。しかし今はＩＴの進化と低価格化から、データ分析は誰でもできる。

つまり今は、優秀な社員は需要創造に取り組んでいる。スペシャリティゾーンマーケットへの挑戦である。

人口減少時代、ＤＧＳにとっての最重要課題は需要創造ＭＤの確立である。

バイヤーや店スタッフへの、需要創造ＭＤの教育が必要である。経営トップには需要創造ＭＤへの理解が必要である。このことへの地道な取り組みをするＤＧＳ企業が生き残る。

またデータ分析にしても、効率優先から顧客満足優先に変えるべきだと考えている。

思想と論理体系の下に組織が有機的に活動する

システム＝ＰＯＳではない。システム＝ＩＴではない。システムとは、その企業の思想であり、論理体系のことである。

思想とは「何を目的にするのか」ということである。論理体系とは「目的を現実化するための戦略と戦術、技術と作業動作」のことである。

経営トップ、幹部、バイヤー、店長と店スタッフといったすべての組織構成員が、同じ思想を持ち、同じ論理体系を持ち、有機的に活動する仕組みがシステムである。

ＰＯＳやＩＴはシステムを補完する装置、合理化する手段である。つまり思想と論理体系が欠落したＰＯＳシステムやＩＴは値段が高い電気玩具でしかない。

思想と論理体系の下に、わが社をバージョンアップさせるのが業務改革である。

業務改革で大事なことは、第１に「現状把握と分析」である。第２は「問題の発見」である。第３は「問題解決の方針の決定」である。第４は「目標の明確化」である。第５は「目標を実現するための手段の明確化」である。第６は「結果の把握」である。第７は「結果と手段の相関関係の明確化」である。そしてこの過程においてＩＴを活用する。

高額なＰＯＳシステムを導入し、さまざまなＩＴに投資をしたものの思うように結果が出せないＤＧＳ企業が少なくない。

ＰＯＳシステムを有効活用するための条件が以下である。

第１は、業態コンセプトとＭＤコンセプトを明確にすることである。

ソリューション型ＤＧＳの業態コンセプトは、ハウスキーピングニーズのワンストップショッピングストアである。ターゲットマーケットは、ベーシックゾーンマーケットとスペシャリティゾーンマーケットである。ＭＤコンセプトは、カテゴリーＭＤである。

第２は、部門ごとの定性目標と定量目標を明確にすることである。

第３は、ＭＤの役割分担を明確にすることである。バイヤーの役割はＭＤプランの作成である。店の役割は、完全作業と売場改善である。これらに活用できるＰＯＳシステムの確立である。

第４は、ＰＯＳシステムの仕様をしっかりと決めることである。わが社の実務と、バイヤー作業、店スタッフ作業に使いやすいことである。

4 需要創造MDと一次情報の活用

需要創造によってお客を喜ばせ幸せにする

需要創造とはお客を喜ばせ幸せにする永久運動である。新しい豊かさによって顧客満足度を向上することである。

問題は潜在需要の生活向上品をどうやって発見するかである。

生活向上品の発見では、既存の商品、既存のサービスには「お客は必ず不満、悩み、要求がある」と考えることが急所になる。

お客は成長する。豊かさを知ったお客は「より高いレベルの豊かさ」を追い求める。たとえ今、満足している商品であっても、お客は使っているうちに不満、悩み、要求を感じるようになる。つまり需要創造は永久運動である。

顧客満足度を表す定量的な指標は「リピート率」である。顧客満足度が高い商品はリピート率が高いし、顧客満足度が低い商品はリピート率が低い。お客がリピートすることで新しいマーケットが確立する。

またどんなに良い商品であっても、リピート率はいずれ下がってくる。つまり必ずお客を喜ばせ幸せにする新規需要を開拓する必要がある。需要創造の難しさは以下である。

第1は、お客にとって価値があり、リピート率が高い生活向上品は発見するのは難しい。

第2は、どんなに品質が高い生活向上品であっても、お客は使ったことがない商品の良さは知らないし、知ろうともしない。

お客は見たことがない商品、今までなかった商品は知らないし、興味の持ちようがない。また売場に来ても、お客は買う予定がない商品は見ない。素通りしてしまう。つまり生活向上品は売るのが難しい。

第3は、マーケティングリサーチ、消費者インタビュー、ビッグデータ分析にしても、今までなかった商品については調べようがない。

つまり需要創造の生活向上品は発見するのが難しい上に、売るのも難しい。

ベーシックゾーンマーケット（顕在需要の生活必需品）における売れ筋の定義は、データ分析によって売り個数の多さが確認できる商品のことである。ＩＴの進化によって売れ筋発見は比較的容易になっている。

一方、スペシャリティゾーンマーケット（潜在需要の生活向上品）における売れ筋の定義は、お客の生活をより豊かに幸せにする潜在需要の生活向上品である。

生活向上品は安売りしても売れない。つまり生活向上品は意志と計画の下で、売場づくりとカウンセリングによって売り個数を増加させる商品である。

生活向上品には、アップグレード商品とアップスタンダード商品がある。アップグレード商品は「従来の商品よりも質が高い商品」である。アップスタンダード商品は「新しい品種を生活に加えることで、生活の標準が向上する商品」である。

アップグレード商品とアップスタンダード商品は潜在需要なのでデータが存在しない。つまりデータ分析では発見できない。また売れる可能性もあるが、売れない可能性もある商品である。

一次情報から新しい売れ筋を発見する

ＤＧＳの本質はハウスキーピングニーズのワンストップショッピングストアである。ハウスキーピングニーズとは「日々の生活を豊かなかたちで維持する」という需要概念である。ソリューション型ＤＧＳのターゲットマーケットは、ベーシックゾーンマーケットに加えてスペシャリティゾーンマーケットである。

問題はベーシックゾーンマーケットはＰＯＳデータや市場データで把握できるが、潜在需要であるスペシャリティゾーンマーケットはデータそのものが存在しないことだ。

ちなみに一次情報、二次情報といった考え方がある。一次情報とは、自分で現場に行って、自分の目で見て、自分の頭で考えて導き出した情報である。二次情報とは、データ分析、本で読んだこと、人から聞いた話である。

つまりスペシャリティゾーンマーケットは一次情報の活用が必要になる。一次情報からアップグレード商品とアップスタンダード商品を発見する発想である。

一次情報の活用といっても、ことさら特別なことをするわけではない。以下が一次情報の活用の急所である。

第１は、定性目標と定量目標の明確化である。定性目標とは言葉の目標である。定量目標は数字の目標である。

需要創造において大事なのが定性目標である。定性目標がなければ売場のバージョンアップもできないし、生活向上品も売れないからだ。

第２は、定性目標と定量目標の実現というテーマで、生活の場と買物の場に行くことである。そこで観察し、また人に会い、話し、聞き、そして「どうしたらお客が喜び幸せになるか」ということを想像する。

第３は、徹底した半径５メートル視点で物事を観察することである。そして目の前にいるお客を喜ばせ幸せにする生活向上品を選定する。

第４は、一次情報の活用のための教育である。

需要創造とは、お客にとって必要がない商品を売ることではない。

需要創造の本質は顧客満足度を高め続けることである。お客の立場から、お客の不満、悩み、要求に生活向上品と情報によって解決策を提示することである。それによってお客の喜びと幸せのレベルを上げ続けることである。

問題は、バイヤーは体質的に需要創造が苦手なことだ。バイヤーは担当するカテゴリーの売上高、粗利益高、在庫回転、ロス等の予算を持っている。

需要創造の生活向上品は売れれば利益とお得意さまを創るが、売れなければ全店の売上高、粗利益高、在庫回転、コスト、ロス等が悪化する。つまり手堅い仕事をするバイヤーほど、売れるか売れないかのリスクがある潜在需要の生活向上品に対して及び腰になりやすい。需要創造ＭＤでは、こうしたリスクを乗り越える仕組みづくりが必要になる。

5 ヘルスケアソリューションが生涯顧客を創造する

健康寿命を延伸する社会的責任がある

生活の豊かさの基本が健康である。したがってＤＧＳには、商圏のお客の健康寿命を延伸する責任がある。

毎日の生活の中で、お客一人ひとりが自分に合った健康を手に入れて、生き生きと最後の日まで楽しく過ごすための商品と情報とサービスを提供する発想である。

今日、ＤＧＳが成長産業として株式市場からも注目されている。私の事務所にも機関投資家のアナリストがＤＧＳビジネスの見方や、有望企業等を聞きに来ている。

確かに時価総額や売上規模を誇るのも大事だ。しかし同時にＤＧＳ企業には「日本人の健康寿命を延伸する」という使命感がないと価値はない。

「ノブレスオブリージュ」という言葉がある。「高貴なる者の社会的責任と義務」という意味である。成功した人や成功した企業には、相応の社会的責任と義務がある。

大手ＤＧＳ企業や、地域一番のＤＧＳ企業にはお客の健康寿命を延伸する社会的責任がある。ハウスキーピングニーズ全般で、お客を喜ばせ幸せにする義務がある。

ソリューション型ＤＧＳはベーシックゾーンマーケット（顕在需要の生活必需品）に加えて、スペシャリティゾーンマーケット（潜在需要の生活向上品）をカバーする存在である。

健康寿命の延伸というテーマは、まさしくスペシャリティゾーンマーケットである。またお客の健康寿命を延伸する店づくりには「生涯顧客」を創るという戦略性もある。

人生で最も大事なことは健康である。わが店に来ることで健康寿命が延伸するのだから、お客は競合店を乗り越えて来店する。つまり生涯顧客の創造である。

ソリューション型ＤＧＳは、ハウスキーピングニーズの観点から、そしてヘルスケアソリューションの観点からお客の人生全般に深く関わる存在に進化しなければならない。

人生１００年時代と言われている。長寿の時代である。つまり自己管理によって自分の健康を守らないと健康寿命を延伸できない。こうしたニーズに応える店づくりである。お客の今の健康と将来の健康を守る存在に進化しなければならない。健康寿命を延伸する店に進化しなければならない。

健康寿命の延伸ではスペシャリティゾーンの取り組みが必要

喜びと幸せの基本は健康である。お客一人ひとりが自分に合った健康を手に入れて、健康に生き生きと最後の日まで楽しく過ごせることが理想である。

ソリューション型ＤＧＳはそのための高品質商品とレベルが高い情報を提供する。そのための売場づくりとカウンセリング体制を確立する。

お客のヘルスケアに関する不満、悩み、要求に応えるのがスペシャリティゾーンマーケットの生活向上品と情報である。

健康寿命を延伸する生活向上品としてアップグレード商品とアップスタンダード商品がある。アップグレード商品としては高品質高価格なドリンク剤やサプリメント、歯周病予防の歯磨き等がある。アップスタンダード商品としては洗口液や歯間ブラシ、血圧計や栄養補助食品の『メディミル ロイシン プラス』、『メイバランス』等がある。

問題は潜在需要の生活向上品は売るのが難しいことだ。お客は見たことがない商品、使ったことがない商品の良さはなかなか理解できないからだ。

ヘルスケアのアップグレード商品とアップスタンダード商品の良さが伝わり、お客が継続的に買いたくなる売場づくりとカウンセリングが必要になる。

ちなみにディスカウント型ＤＧＳでは、ヘルスケアソリューションによるお客の健康寿命の延伸は難しいと思っている。

ディスカウント型ＤＧＳのターゲットマーケットはベーシックゾーンマーケットであり、スペシャリティゾーンマーケットは対象外だからだ。何よりヘルスケアソリューションはローコスト主義ではできないからだ。

人生のライフサイクルとヘルスケアソリューション

人生のライフサイクルは以下のように分類できる。①誕生期（～0歳）、②幼年期（0～5歳）、③肉体的成長期（5～20歳）、④精神的成長期（20～30歳）、⑤社会的成長期（30～40歳）、⑥社会的成熟期（40～60歳）、⑦社会的引退期（60～70歳）、そして⑧一人ひとりにとって幸せな最後の日である。健康寿命の延伸では人生後半が重要になる。

いずれにしてもベーシックゾーンマーケットに加えてスペシャリティゾーンマーケットへの対応が急所になる。

誕生期（～0歳）への対応としては以下がある。妊婦と胎児の安全・安心、妊婦の健康増進、妊婦からの健康相談への対応、そして両親への力強い性生活の提案等である。

幼年期（0〜5歳）への対応としては、育児の安全・安心、健康増進、知育の提案、ママと子供の健康相談への対応である。

少子化ということから、高品質な子供用品が伸びている。アップグレード商品としては高品質な日焼け止めや虫よけスプレーなどが挙げられる。アップスタンダード商品としてはフォローアップミルク等である。

肉体的成長期（5〜20歳）への対応としては、肉体的成長における安全・安心、健康増進、学業への対応、親と子供の健康相談への対応である。

精神的成長期（20〜30歳）と社会的成長期（30〜40歳）、社会的成熟期（40〜60歳）、社会的引退期（60〜70歳）への対応としては、ハウスキーピングニーズと食生活への対応、健康的な心と体の維持・増進、健康相談への対応である。

社会的成熟期から肉体の衰えを実感し始め、社会的引退期からは肉体的衰えが加速する。したがって対応する商品と情報、そして接客カウンターも必要になる。

最後は旅立ちの日に向けてである。一人ひとりにとって幸せな最後の日を迎えるために必要なことが、肉体的精神的に健康を補完する商品と情報の提供である。

生まれた日から旅立ちの日まで、トータルでお客のヘルスケアと向かい合う思想である。各種疾病への対応では、医療機関や行政との連携も必要になる。

健康寿命の延伸では、ヘルスケアソリューションの3段階が必要になる。第1段階が行動の健康の実現である。第2段階が体の健康の実現である。第3段階が心の健康の実現である。こうした店づくりは生涯のお得意さまを創造する。

ヘルスケアソリューションは生涯顧客を創る

「治療」では差別化できない。

例えば頭が痛い、胃が痛い、下痢が止まらないといったお客は一番近い店に行くだけだ。つまり治療だけしかないヘルスケア売場では、競合店が出店したら商圏が縮小する。

ヘルスケアソリューションでは「治療に加えて体質改善（予防と健康）」が急所になる。予防と健康を実現する「体質改善の商品や情報、サービス」は健康寿命を延伸する。したがってお客は生涯顧客になる。お客は競合店を乗り越えて来店する。

またヘルスケアソリューションでは人生後半が重要になる。40歳を過ぎる辺りから、運動不足や不規則な食生活といった健康寿命が短くなるような要素が気になってくるからだ。

実のところ私にしても、若い時は体質改善（予防と健康）の大切さは理解していなかった。若い時の体調不良と言ったら、風邪と二日酔いぐらいだったからだ。そして風邪と二日酔いでも薬など飲まなかった。

40歳を過ぎた辺りから、体力の低下を実感し始める。また体重も増加してきた。今は人生後半を意識して週2回ジムに通い、週1回は散歩している。また体質改善の商品として『マステント』『モンダミン プレミアムケア』『恵命我神散』『プラセントップ』、スピルリナ等を愛用している。

これらは体質改善に役立ち、健康寿命を延伸する商品と思っている。お客は生涯使い続ける商品である。生涯顧客を創る商品である。

人生後半、健康寿命を延伸するための3ステップ

人生の後半において健康を害し、健康寿命を短くするリスクとしては以下が指摘できる。

①引退後の孤立
②地域社会や家族からの孤立
③自宅での閉じこもり
④喜怒哀楽といった感情の薄まり
⑤食べることへの興味の低下

⑥体質の悪化
⑦栄養状態の低下
⑧身体機能の低下
⑨精神面での活力の低下

ソリューション型DGSはこうしたことに対して、店づくり、商品、カウンセリング、情報、イベント等で解決策を提案する。

健康寿命の延伸をテーマにしたDGSのヘルスケアソリューションは以下の3ステップで考える。

第1ステップは「行動の健康」である。高齢者が健康を害する第一歩が社会との関わりがなくなることである。特に仕事を引退したお客や伴侶を亡くしたお客の孤立を防ぐことは重要である。

そのためには、お客が家を出る機会をつくることが急所になる。例えば来店したお客に対する地域社会や地域行事の紹介である。

また健康体操イベントも効果的である。私の知人に高齢者向けの健康体操の女性インストラクターがいる。

彼女によると「皆さんの出席率はとても高い。また体操の中でお友達もできて生き生きしている」と強調する。

「喜楽」といった感情は大事だ。外出したくなる楽しいイベント。わが店に来店したくなる楽しい売場、楽しい接客、楽しいカウンセリングの実現も欠かせない。

第2ステップは「体の健康」である。年とともに体の機能は低下してくる。来店したお客が、自らの体の機能低下を自己認識し、自らが対策を考えて行動する売場づくりとカウンセリングである。

例えば栄養を取ることの大切さの理解や、食べることの楽しさの提案である。美味しい食品、簡単便利なメニューの提案である。また体質改善によって元気を取り戻すヘルスケア商品の提案、健康応援型の食品の提案である。

加えて身体機能を維持し、向上する運動の提案も必要になる。お年寄りが簡単にできて効果実感のある運動の提案である。

第3ステップは「心の健康」である。健康体操イベント等である。楽しいから運動する気になるし、楽しいから出かける気になる。楽しいから食欲もわく。

健康体操イベント等に加えて、楽しさを感じる売場づくりとカウンセリングも欠かせない。楽しいから来店頻度が高くなる店づくりである。

店づくり、売場づくりにおいて、五感で感じられる楽しさを追求する。売場の世界観、売場の魅力、商品の魅力のアピールである。また店スタッフ一人ひとりの魅力も欠かせない。これがお客の心の健康に貢献する。

ファーストチョイス商品は健康寿命を延伸する

ファーストチョイス商品は「体の健康」と「心の健康」という観点からも重要になる。ソリューション型ＤＧＳが展開するファーストチョイス商品のコンセプトは「お客を喜ばせ幸せにする高品質商品」である。

例えば効き目が良い医薬品、びっくりするほどきれいになれるメイク用品、肌質を改善して見た目が若くなる基礎化粧品、美味しくて何度も食べたくなる食品、美味しくて思わず笑顔になってしまうお菓子、美味しい幸せな気持ちになれるお酒、気持ちよいほど汚れが落ちる洗剤等々である。

こうしたファーストチョイス商品は、お客を喜ばせ幸せにする。すなわち「体の健康」と「心の健康」に貢献する。

ファーストチョイス商品はリピート率が高く、利益貢献度も高い。加えてお客の健康寿命を延伸する商品でもある。ファーストチョイス商品の販売活力化は、売場生産性と顧客満足の実現といった観点からも最重要である。

喜びと幸せの基本は健康

日々の生活の中で、お客一人ひとりが自分に合った健康を手に入れる。健康に生き生きと、最後の日まで楽しく過ごす。そのための高品質商品とレベルが高い情報の提供をするのがＤＧＳの使命である。

ハウスキーピングニーズのワンストップショッピングストアであるＤＧＳには商圏のお客の健康寿命を延ばす使命がある。

リピート率が高く、高シェアの店（お客が競合店を乗り越えて来店する店）には商圏のお客の健康寿命を延伸する使命がある。

ＤＧＳのヘルスケア売場の使命が以下である。

①健康寿命を延ばす
②そのための生活習慣が身に付く
③治療に加えて、予防と健康（体質改善）の知識と生活習慣が身に付く
④体質改善によって、一人ひとりにあった健康を手にいれることができる

⑤Ｈ＆ＢＣ、雑貨、食品等、あらゆるカテゴリーに「健康寿命の延伸」というテーマを入れ込む。そしてお客を喜ばせ幸せにする

ＤＧＳのヘルスケアソリューションの実現に最も大事なことは思想性である。思想性とは、わが社がお客にどんな具体的な喜びと幸せを提供するのかの明確化である。その思想を実現するための業態がソリューション型ＤＧＳである。

新しい時代には、新しいＤＧＳが必要だ。効率論による売場づくりから、思想性に基づく売場づくりへの進化である。商圏のお客の健康寿命を具体的に延ばす売場づくりへの進化である。健康寿命を延伸する店づくりは生涯顧客を創造する。

第10章

SM企業への提言

1 人口減少時代における ＳＭの３つの戦略

人口減少時代とＤＧＳ商品の需要獲得

人口減少時代におけるＳＭの生き残り戦略として、私は「ＤＧＳ商品の導入と需要獲得」を提案したい。

私はＤＧＳのコンサルタントを30年近くやってきた。食品の安売りによって集客し、Ｈ＆ＢＣや雑貨の「ついで買い」を狙うというＤＧＳの店づくりも長年指導してきた。特に集客商品の食品と、利益商品の医薬品の粗利ミックスは効果的であった。

しかしＳＭにとっての最大の敵はＤＧＳなどではない。ＳＭにとっての最大の問題は「人口減少」である。すでに地方から人口減少が著しい。ＳＭは品揃えとオペレーションの特性上、コストが高い。損益分岐点売上高が高いということで、売上高が１割下がったら、赤字になるＳＭ企業も多い。

人口が1割減少したら、食品マーケットは1割縮小する。また高齢化が進むことで、食品の量的なマーケットはさらに縮小する。

ＳＭの売上高が1割下がる時代の到来である。しかし日本人の食生活、食文化を支えてきたのはＳＭであり、すでにＳＭは水道や電気と同じライフラインである。ＳＭ業態が消滅することは許されない。

人口減少時代、ＳＭには以下の3つの生き残り戦略がある。第1は、安売りの深掘りである。しかし人口減少時代は安売りしても売り個数も粗利益高も増えない。

第2は、食生活の豊かさを提案するライフスタイルアソートメント型ＳＭへの進化である。高品質な食品による豊かな食生活の提案である。しかしこのタイプは首都圏のような需要が巨大なエリアであれば成り立つが、過疎が進む地方では難しい。

第3は、Ｈ＆ＢＣや雑貨（ＤＧＳ商品）の導入である。

ＳＭがＨ＆ＢＣや雑貨の需要を取り込んで、家計シェアを向上する発想である。そして売上高と粗利益高を向上する発想である。

ＳＭとＨ＆ＢＣは相性が良い

ＳＭの生き残り戦略として私が提案するのが「ＤＧＳ商品の導入と需要獲得」である。集客力のある地域一番のＳＭが、Ｈ＆ＢＣと雑貨（ハウスキーピングニーズ）を取り込む発想である。

ＤＧＳが展開するのはハウスキーピングニーズ商品である。つまりＤＧＳはハウスキーピングニーズのワンストップショッピングストアである。

ハウスキーピングニーズとは「日々の生活を豊かなかたちで維持する」という需要概念であり、商品としては、消耗品、低単価品、小サイズ品が多いという特徴がある。ハウスキーピングニーズは習慣的な買物で「ついで買い」が多いという特徴もある。

ハウスキーピングニーズの中心核に存在するのがＨ＆ＢＣである。Ｈ＆ＢＣは生きていく上でなくてはならない商品ということから「生存的商品」ということができる。

生存的ということからＨ＆ＢＣと相性が良いのが食品である。食品は生きていく上で欠かせないので、生存的商品である。そして食品は消耗品、低単価品、小サイズ品が多いということからハウスキーピングニーズの商品でもある。

つまりＳＭとＤＧＳ商品は極めて相性が良い。お客からしても、この両者が一緒にワンストップショッピングできたほうが便利である。
一部に「DGS商品は特殊であり、SMにはできない」という意見もあったりする。もちろんSMにとってハードルが高い商品もある。例えば調剤とカウンセリング化粧品である。しかしDGS商品の大半はSMが取り組める。

1990年代、SMのDGS開発が失敗

　実は以前もSMによるDGS商品への挑戦、H&BCへの挑戦は行われている。1990年代のことだ。当時、日本各地でDGSチェーンが急速に店数を増やしていた。そこでSMやGMSは「DGS業態に参入しよう」となったのである。

　SMからすれば「DGS商品は手間がかからないし、ローコストオペレーションで簡単にできる」と判断したのだろう。しかしその大半が失敗し、成功したのはごく一部である。日本のSMやGMSはなぜDGS開発に失敗したのか？

　最大の理由は日本型DGSの本質を理解していなかったことである。日本のDGSは「DGS」という名称ではあるが、アメリカのそれとはまったく異なる。本質はハウスキーピングニーズのワンストップショッピングストアである。

日本型ＤＧＳの成功の要因は、調剤にこだわらずに、ハウスキーピングニーズの買物が便利な店を創造したことにある。ハウスキーピングニーズのカテゴリーごとに適正規模を実現。カテゴリーごとにコンビニエンス、ディスカウント、スペシャリティという目的来店性に取り組んだのである。

１９９０年代、ＤＧＳに参入したＳＭは「ＤＧＳの見本はアメリカ」と誤解してしまった。アメリカを参考にＤＧＳ開発に取り組んでしまった。

アメリカのＤＧＳは調剤が売上構成比の大半である。調剤の目的来店性に依存している。アメリカのＤＧＳは調剤以外のカテゴリー、つまりハウスキーピングニーズや食品はカテゴリー単位での目的来店性を持たない。「ついで買い」のレベルでしかない。日本のＳＭは「調剤のないアメリカ型ＤＧＳ」をつくってしまったのである。Ｈ＆ＢＣとハウスキーピングニーズに関してカテゴリー単位の目的来店性がないので、集客力もないし、買い上げ点数も少ない。失敗するのも当然である。

ＤＧＳ商品を獲得するための戦略と技術体系

アメリカでは１９７０年代からＳＭとＤＧＳが一体化した「フード＆ドラッグ」が主流で

ある。

新しい業態をつくる際にアメリカの事例を研究する人がいる。しかしアメリカの事例をいくらマネしても新業態は成功しない。ＤＧＳ商品の獲得も成功しないし、もちろん日本型フード&ドラッグも成功しない。

商業の形態は、以下の４つの項目によって決まってくる。第１はマーケット構造である。第２は商業構造である。第３は立地構造である。第４は法律と慣習である。日本とアメリカではこの４項目が全く異なるので、ＤＧＳもＳＭもＨＣもＣＶＳも全く異なる形態に進化している。

われわれの先生はアメリカ小売業ではない。われわれの先生は、今来店して目の前にいるお客である。今来店して目の前にいるお客の悩み、不満、要求に応えることが小売業の本質である。

2 DGS商品獲得の3ステップ

あるべき論よりも既存店活力化を優先する

グローサラントが話題になっている。もちろん顧客満足の向上といった観点から大切である。とはいえグローサラント自体は実需として確定はしていない。一方、ＤＧＳ商品のマーケットは実需として存在している。

ＳＭの生き残り戦略としてＤＧＳ商品の獲得は、効果は大きくリスクは小さい。

ＤＧＳにとって11月から翌年3月は重要な期間である。風邪薬、皮膚薬、胃腸薬、鼻炎薬といった医薬品の売上高構成比が上がるからだ。特に鼻炎薬は重要で、利益貢献度が高いのでＤＧＳの経営者は「今年の花粉飛散の状況」に一喜一憂する。

医薬品には「ついで買い」されやすいカテゴリーがたくさんある。例えば目薬、コンタクト用品、ドリンク剤、ビタミン剤、胃腸薬、関節薬、サポーター、そして鼻炎薬等である。

ビューティケアや雑貨も「ついで買い」されやすい。

ハウスキーピングニーズの商品は、習慣的に買われる商品であり、「ついで買い」されやすい。

これらの商品は、１日の来店客数が１０００人のＤＧＳよりも、１日の来店客数が３０００人の地域一番のＳＭのほうが売りやすい。お客からしても、週に何度も買物に行くＳＭで購入したほうが便利である。

ＳＭによるＤＧＳ商品の獲得は、業態論で言うならば「日本型フード＆ドラッグ」である。

問題は、日本型フード＆ドラッグの開発では「あるべき論」「理想論」からスタートしてもうまくいかないことだ。ＳＭによるＤＧＳ商品の獲得では、既存店を含めた全店の売場活力化のテーマで取り組むことが急所になる。

本部スタッフの知力と労力を結集して、素晴らしいフード＆ドラッグを1店舗だけつくっても、企業経営からすればほとんど意味はない。１店だけでは企業の業績に大して影響は与えない。

日本型フード＆ドラッグの開発では、既存店の数値も変えることを前提に戦略的に取り組む必要がある。ＤＧＳ商品の獲得に取り組む際の手順が以下である。

フェーズ１のテーマは「既存店のノンフーズ売場の修正」である。具体的には定番棚割りの改善、プロモーション売場の拡大、売れ筋の発見とプロモーション売場での「爆発点ＭＤ」である。

フェーズ１は小規模な売場改善なので、低コストで低リスクである。全店で取り組めるし、効果は大きい。

実のところＳＭのノンフーズ売場は改善すべきところが多い。多くのＳＭはいまだにＰＯＳデータランキング上位品目と、メーカーや卸売業が売れると断言する品目と、安売り効果が大きい品目を並べているだけだ。したがってこのフェーズ１だけでも相当に効果は大きい。

フェーズ２のテーマは「既存店の改装によるカテゴリーの適正規模の実現」である。フェーズ２は什器レイアウトの変更といった中規模の売場改装なので、中コストで中リスクである。具体的には優先順位が高いカテゴリーの定番スペースを拡大する。客数が多く視認性が高いロケーションへの移動、同時に優先順位が高いプロモーションテーマのスペースを拡大、客数が多く視認性が高いロケーションへの移動、そして「爆発点ＭＤ」である。

フェーズ３のテーマは「日本型フード＆ドラッグの開発」である。フェーズ３は新業態開発なのでハイコストでハイリスクである。

日本型フード＆ドラッグの開発では、カテゴリーの優先順位の明確化、カテゴリーの適正規模の実現、カテゴリーの組み合わせの実現が急所になる。

原則的にはフェーズ1→フェーズ2→フェーズ3の順に取り組んだほうがリスクが低減化できる。フェーズ1、フェーズ2、フェーズ3にしても、急所は売れ筋カテゴリーの発見と育成、売れ筋品目の発見と育成である。

ちなみに売れ筋カテゴリーとは「どの品目というよりも全体が売れているカテゴリー」のことである。例えば乾電池や歯磨き、シャンプー等のカテゴリーである。これらの売れ筋カテゴリーは、適正規模で展開することが急所になる。

生活必需品マーケットから取り組む

ハウスキーピングニーズのマーケットを付加価値で分類する方法がある。

付加価値が低くて価格も安く、しかしマーケットが大きいのが「生活必需品マーケット（ベーシックゾーンマーケット）」である。

一方、付加価値が高くて値段と利益貢献度も高いのが「生活向上品マーケット（スペシャリティゾーンマーケット）」である。

ＤＧＳ商品の獲得では「生活必需品マーケット」から狙っていく。低単価で低粗利益高で価格競争も発生しやすいマーケットだが、確実に売上と利益が見込めるからだ。

生活必需品マーケットを獲得できたら、次のステップとして「生活向上品マーケット」を狙っていく。

生活向上品は潜在需要であり、お客からすれば「あったほうが生活水準が向上するが、なくてもそれほど困らない」という商品である。つまり生活向上品は売るのが難しい。

生活向上品は売れれば売上と利益に多大な貢献をする。またお得意さまも創る。しかし売れなければ売上と粗利と在庫回転とロスとコストが悪化するリスクもある。

生活向上品は売るためのハードルは高い。したがって生活必需品の販売が軌道に乗ってから取り組んだ方がリスクが最小化できる。

ハウスキーピングニーズ商品の容易な点と難しい点

ハウスキーピングニーズを部門で分けると、ヘルスケア部門、ビューティケア部門、雑貨部門に大別できる。

ヘルスケア部門の導入だが、第2類と第3類の医薬品であれば比較的簡単である。調剤は相当に難しい。

ビューティケア部門は、トイレタリーは比較的簡単である。化粧品は導入そのものが難しい。化粧品部門は育つまで時間がかかるので、在庫回転主義ではやれない。美容部員の育成も必要になるからだ。

雑貨部門は比較的簡単である。とはいえ、ヘルスケア、ビューティケア、雑貨にしても52週ＭＤと店頭での作業動作を確立することが前提になる。また先に述べたように、生活必需品の導入は比較的簡単だが、生活向上品の導入は難しい。

ＳＭが強化すべき部門としては食品もある。レトルト、インスタント、冷凍食品、乾麺といった簡単便利食品、それに菓子と酒類も取り組めば売上高と粗利益高は改善する。

実のところＳＭによるＤＧＳ商品の獲得において一番の障壁となるのが「無意識の商品差別」である。

ＳＭ業界では生鮮4品が一番の価値であり、そのほかの食品は2番目の価値であり、ノンフーズは価値が低いとの意識が強い。例えば「殺虫剤や除草剤は品がない」という意見もあったりする。

お客からすれば本マグロの刺身も、乾電池も、２Ｂの鉛筆も、除草剤も価値は同じである。つまりＤＧＳ商品の獲得では「商品に貴賤はない」という意識の徹底が必要になる。

おわりに

人との出会いと運に感謝

人というのは、歳をとれば立派になれるものだと思っていた。人間性が豊かになり、心が広く、何事にも揺るがず、知識と判断力をもった立派な大人になれると思っていた。

59歳になったけど、相変わらずちっちゃなことに腹を立てるし、お酒を飲むと人の悪口を言っている自分がいる。

恥ずかしいことである。

案外人生は運なのだと思う。ＤＧＳという存在に出会えたことは、私の人生に計り知れない程の喜びとやりがいをもたらしてくれた。

もちろん自分なりの努力はしてきた。しかしそれは学術的とか、ビジネスモデルの研究といった立派なことではなく、ただ単に「人間として生き残る」ための努力であった。

幸せな人生を送らせていただいている。しかしそれは自らの努力というよりも「運」によるものだと思っている。

運は人が運んでくる。今まで出会ってきた人たちに感謝をしている。

上手くいったら自分のおかげ、上手くいかなかったら人のせい、というみっともない生き方だけはするまいと思ってきた。

上手くいったら人様のおかげであり、上手くいかなかったら自分のせいなのだ。

ＤＧＳのコンサルタントなので、クライアントに対しては全力を尽くす。

そして今年からは新しい旅に出る。見たことがない景色を見るだろう。もちろんトラブルもあるだろう。それもこれも含めて楽しみだ。

ひとつの旅が終わる。そして新しい旅がはじまる。恍惚と不安の２つ、我とともにあり。

諦めなければ負けではない

人生の計画を立てても、その通りにはならない。人生は良いことも悪いことも、思いもしないことが起きる。何より人はそれほど意志は強くない。

人生は偶然の連続だ。偶然の連続だけど、そこから生まれる結果は意志の表れだ。

大抵の人は「本当に望むもの」は手に入れられない。

子供のころＪリーガーになりたいとか、プロ野球選手になりたいとか、パイロットになりたいとか夢見ても、なった人は１％だ。初恋の女の子と付き合えた幸運な男も１％だ。第１志望の学校や会社に入れた人もごく一部だ。

大半の人は、人生のスタートにおいて負けることを覚える。

でもそれは負けではない。

ある友人が「諦めなければ負けではない」と言っていた。名言だと思う。

今、目の前にある風景こそが、その人の人生にとって最高に価値があるものだと思う。

目の前のことに、不器用でもいいから、そしてたまに手を抜いてもよいから、できる範囲で力を尽くす。

すると光明が見えてくる。

若いうちは思う通りにいかないことばかりだ。人の成功や才能や幸せをうらやむこともある。人と己を見比べてヘコむこともある。

つらい時は毎日が永遠に続くと思いがちだ。でも自分を信じて、今できることをやるしかない。

できることをやり通すことが、その人の才能であり、実力なのだと思う。

あと何年、この仕事ができるのだろうか

20年以上前に新入社員研修ではじめて会った人間が、今は大手ＤＧＳの役員になっているのを見るのは痛快だし楽しい。

弱小ＤＧＳで、競合店が出ると売上高と粗利益高が下がり、にっちもさっちもいかなかったＤＧＳが懸命に自己革新を続け、今では業界を代表する存在になっているのを見るのは痛快だし楽しい。

コンサルタントとしては今がピーク期だと感じている。店と組織を見れば、何に取り組んだら店スタッフのモチベーションとアドレナリンが向上し、数字が改善するかが見えてくる。ただし僕はソリューション型ＤＧＳのコンサルタントなので、ディスカウント型ＤＧＳのことは外形的にしか分からない。

あと何年、この仕事ができるのだろうか？

人口減少と超高齢化社会というとんでもない時代になった。どうしたらＤＧＳは生き残れるのか？

どうしたらＤＧＳに関わる人々が幸せになるのか？

どうしたら日本人のハウスキーピングニーズの生活が豊かになるのか？

どうしたら日本人の健康寿命の延伸が実現できるのだろうか？

こうした問いに対して、具体的で合理的な解決策を提示するのが僕の役割だと思っている。それができるうちは全力で前進する。

仕事もプライベートも全力で楽しむ。下の写真は葛飾北斎、富嶽三十六景の神奈川沖浪裏（メトロポリタンミュージアム）。

波間に懸命に進む小舟が見える。

遠くの富士山はあくまでも美しい。

しかし目前の大波は厳しく激しい。恐ろしくさえある。

多くの人がこの浮世絵に感銘する。それは美術品としての完成度だけでなく「人生」を象徴しているからだと思っている。

ありがとう！

ありがとう！

ありがとう!!

してくれない不満より、してもらった感謝を言葉にしよう。人生は感謝と感動だ。

不満とか怒りとか、いわゆるネガティブな感情は心の中で増幅される。実際は鳥瞰してみると、たいしたことではないし、一時の感情の揺らぎみたいなものだ。

でも真面目な人ほどネガティブな感情に支配されやすい。

そんな時は、人からしてもらって楽しかったことを思い出す。散歩の楽しさやワインの美味しさを思い出す。

楽しい気持ちでい続けることは、実は大変なのだ。ネガティブな感情を切り換えるテクニックと努力が必要だ。

笑顔が多いＤＧＳが伸びる。店スタッフの笑顔が多いＤＧＳが伸びる。笑いじわが多い経営トップがいるＤＧＳが伸びる。そんな会社づくりを手伝うのが僕の使命だ。

最後になったが、この本のきっかけはダイヤモンド・リテイルメディアの『ダイヤモンド・

ドラッグストア』誌の小木田《こぎた》泰弘さん。彼との出会いがなければ生まれなかった。小木田さん、ありがとう。

そして同社の『ダイヤモンド・チェーンストア』誌の阿部幸治さんの後押しがなければ、原稿は最後まで完成しなかった。阿部さん、ありがとう。

この本は彼ら２人の本だとも思っている。ちなみに小木田さんと打ち合わせと称してお酒を飲むと、大抵の場合飲み過ぎてポンコツになり、翌日は死んでいるという極めて生産性の低い仕事をしていた。でも楽しかった。ありがとう‼

［著者］
有田英明（Arita Hideaki）
広告代理店、業界誌の編集者を経て1989年（平成元年）独立。小売業のコンサルティング、流通業分析、マーケティングを専門分野として活動中。1992年（平成4年）からは「スーパードラッグストア開発研究会」をスタート。大手ドラッグストア企業を育て、スーパーマーケットとドラッグストアが融合した新型スーパーマーケットの開発も手掛けてきた。

需要創造とソリューションを武器とする
ドラッグストアの教科書

2020年２月12日　第１刷発行

著　者――有田英明
発　売――ダイヤモンド社
〒150-8409　東京都渋谷区神宮前6-12-17
https://www.diamond.co.jp
販売　TEL03･5778･7240
発行所――ダイヤモンド・リテイルメディア
〒101-0051　東京都千代田区神田神保町1-6-1
http://www.diamond-rm.net/
編集　TEL03･5259･5941
装丁――――中井辰也
印刷・製本―ダイヤモンド・グラフィック社
編集担当――小木田泰弘

ISBN 978-4-478-09064-0